曾經輝煌

——被遺忘的文人往事

蔡登山 著

目錄

中學西漸的第一人

——被歷史遺忘的陳季同

在近代中西文化交流中，始終激盪著兩股相互碰撞的潮流，那就是西方文化思想的逐漸傳入中國，所謂「西學東漸」；另一方面，中國傳統文化也逐漸走向世界，所謂「中學西漸」。在這交流之中，翻譯成為不可或缺的樞紐工作。我們看晚近的翻譯史上，由西書中譯者可說相當多，例如嚴復就是其中的佼佼者，「嚴譯名著」影響到幾代的中國人；而單就莎士比亞的作品，就有朱生豪、梁實秋、孫大雨、卞之琳等等名家卓越的譯品；但若就中書西譯方面就顯得貧乏許多，但後者的意義顯得更來得重要些，它是一種文化的輸出工作。而要能擔當此重任者，其中西文化的根柢要極其深厚，而非只是語言能力足夠就行，因此辜鴻銘就曾被視為是近代中學西漸的第一人，而在他之後，也僅有林語堂可以當之。

辜鴻銘這位滿清遺老在一九二八年風雨飄搖中死去，他的辮子、他的守舊，逐漸為

人所淡忘；但他所譯的《論語》、《中庸》被介紹到西方去，再加上他的西文著作，曾引起俄國大文豪托爾斯泰及舉世公認的文評家勃蘭兌斯（Brands）的重視。而林語堂更是沒有接受魯迅的建議去翻譯一些英國名著；他反而懷抱著「兩腳踏東西文化，一心評宇宙文章」的雄心壯志，做起中書西譯的工作，他早年曾想把《紅樓夢》譯成英文，但後來考慮再三，覺得它距離現實太遠，因此他借鑑了《紅樓夢》的藝術形式，用英文寫出了長篇小說《京華煙雲》（Moment in Peking），它曾是諾貝爾文學獎候選的作品。但到了一九七三年十一月林語堂終究還是完成《紅樓夢》節譯本，惜未能出版，一九八四年有日本佐藤亮一根據林語堂的英譯本譯成日譯本。而之後他又以英文出版了《孔子的智慧》（The Wisdom of Confucius）、《老子的智慧》（The Wisdom of Laotse），全面向外面人介紹儒家及老莊的思想，在在引起國際上的關注。當然在譯書之前，林語堂以英文撰寫《吾國吾民》（My Country and My People）與《生活的藝術》（The Importance of Living），成為歐美暢銷書排行榜的年度冠軍。《吾國吾民》與《生活的藝術》成為當時西方社會眺望中國的一扇窗口，林語堂扮演向西方介紹中國文化的這個角色，無疑地是極其重要的，它成為林語堂在中西文化交流中的主要貢獻。

其實早辜鴻銘二十年，早林語堂五十年，就有人在做這樣的文化輸出的工作，他應該是真正的中學西漸的第一人，他就是集翻譯家、西文作家、詩人和文化使者於一身的陳季同。

陳季同（1852－1907），福建侯官（今福州）人。一八六七年，他十六歲時考入福建船政局附設的求是堂藝局前學堂讀書。學堂的教師

多為法國人，用法語講課，所用的教材也是法文書，因此陳季同在此打下了紮實的法文基礎。一八七五年年初，船政第一屆學生畢業。陳季同與魏瀚、劉步蟾、林泰曾等人，以「在學堂多年，西學最優」，被船政局錄用。同年三月隨法人日意格赴歐洲採購機器，遊歷英、法、德、奧四國。一年後返國，一八七七年三月三十日，福建船政局選派三十五名學生從福州啟程赴歐洲學習，其中有後來成為著名人物的嚴復、馬建忠、劉步蟾、林泰曾、鄧世昌、薩鎮冰等人。而陳季同在這次赴歐時的身份，已提升為文案，遠較這批留學生高出許多。到法國後，陳季同進入法國政治學堂（Ecole libre des sciences politiques）及法律學堂（Ecole de droit），學習公法律例。一八七八年陳季同充當中國首任出使英法大臣郭嵩燾的法文翻譯，郭嵩燾對年輕的陳季同評價甚高，他認為陳「再經歷練官常，中外貫通，可勝大任矣」。而陳季同果然沒有讓郭嵩燾失望，幾年之後，他在外

陳季同

陳季同

交界就嶄露頭角了。當時亨利・比盧瓦（Henri Bryois）就曾在《北華捷報》（The North China Herald）上說：「在他之前，中國使館形同虛設，僅僅充當一個拖著長辮、身穿藍袍、頭皮光光的大人物的住宅。從外交角度坦率地說，因為有了這個年輕翻譯的活動，中國才開始在歐洲嶄露頭角。」

陳季同在歐洲共居住了十六年，他的成就不僅體現在外交上，更體現在文化上。但可惜得是陳季同的事蹟正史不載，辭書不收，就這樣被歷史遺忘將近一個世紀，直到幾年前才有學者論及。而大陸學者李華川博士更曾遠赴法國查遍外交部檔案及巴黎的圖書館，以三年的時間寫就了《晚清一個外交官的文化歷程》一書，於二〇〇四年八月，由北京大學出版社出版，是全面評價陳季同的開始。據學者李華川的蒐集陳季同有八本法文的著作，分別是：1、《中國人自畫像》（Les Chinois peints par eux－memes），2、《中國人的戲劇》（Le theatre des Chinois），3、

《中國故事集》（Les contes Chinois），4、《中國的娛樂》（Les plaisirs en Chine），5、《黃衫客傳奇》（Le roman de lhomme jaune），6、《巴黎人》（Les Parisiens peints par un Chinois），7、《吾國》（Mon pays），8、《英勇的愛》（Lamour heroique）。而這些著作還有英、德、意、西、丹麥等多種文字的譯本。學者李華川認為在清末的文人中，沒有人比陳季同在西方更引人注目。

其中《中國人自畫像》和《中國的娛樂》兩書，在西方影響尤大，甚至都被譯為英文，就如同半個世紀後林語堂的《吾國吾民》與《生活的藝術》所產生的影響一般。陳季同寫這兩本書的目的是要讓西方世界了解中國，了解中國人的生活、習俗和娛樂，從而更好地了解中國人的內心世界。前者他以生動而富有情趣地描述中國社會有關政治、經濟、宗教、教育、文學等各個側面。後者則是從娛樂的視角：遊戲、儀式、節慶，來描述中國。在一百多年前陳季同已意識到：不同文化在文化取向、生活方式、價值觀念、思維方式、社會規範是不同社會價值觀的真實寫照，而不同社會又具有不同的風俗習慣和社會期望；由其間的差異性所造成文化碰撞，文化衝突，交際失誤產生的後果也往往是十分嚴重的。他的批評雖有批評中國傳統習俗，但更多是針對西方。他說：書中「對西方風俗習慣的批評隨處可見。千萬別忘了我寫作時用的是鋼筆，而不是中國的毛筆，並且我已經學會了按歐洲人的方式來思考和寫作。」

而《中國人的戲劇》學者李華川認為是中國人以西方方式論述中國戲劇的第一部著作。陳季同觸及中西戲劇中一些本質的問題，可說是相當精闢的。他認為中國戲劇是大眾化的平民藝術，不是西方那種

達官顯貴附庸風雅的藝術。在表現方式上，中國戲劇是「虛化」的，能給觀眾極大的幻想空間，西方戲劇則較為寫實。在布景上，中國戲劇非常簡單，甚至沒有固定的劇場，西方戲劇布景則盡力追求真實，舞台相當豪華，劇院規模很大。《中國故事集》是陳季同的譯著，他選譯《聊齋誌異》中的26篇故事，並改譯原有的篇名，而代之較為西化的篇名（例如將〈畫皮〉改為〈吸血鬼〉，〈聶小倩〉改為〈神奇的盒子〉），其次對原文也作了刪節，簡化了原本複雜的敘述，它成為《聊齋》最早的法譯本，也引起較大的關注，法國名作家法朗士（Anatole France，1844－1924）都曾為他寫書評。《黃衫客傳奇》是陳季同的長篇小說創作，它雖是取材於唐代蔣防的〈霍小玉傳〉，但〈霍小玉傳〉只有四千餘字，《黃衫客傳奇》卻寫成一本三百多頁的長篇小說。它是一部現代意義的歐式小說，它與中國傳統小說迥然有別，這在陳季同之前，似乎還沒有人做過類似的嘗試。《吾國》是陳季同輯錄一八九二年以前在歐洲撰寫的單篇文章而成的集子，而《巴黎人》則是他以一個中國人的眼光去看巴黎人的日常生活並加以評論。至於《英勇的愛》是陳季同已回到中國後創作和出版的法文劇本，他曾熟讀法國戲劇大師莫里哀的作品，自稱「莫里哀的弟子」，又受到法國劇作家拉比什「輕喜劇」的影響，《英勇的愛》是一部獨幕輕喜劇，共分九場。作者全盤打破中國傳統戲劇以演唱為主的表演模式，代之以西方話劇的對白形式。

「十幾年致力於讓歐洲認識中國」的陳季同，卻因私債風波把他的成果毀於一旦，使他在外交界的努力化為泡影，他在一八九一年以代罪之身回到中國。後得李鴻章的庇護，在清償債務後，留在李鴻章

幕府中襄助洋務文案。一八九五年乙未
割台時，陳季同曾於五月十四日抵台，
他原本是奉李鴻章之命為其子李經方交
割台灣給日本做準備的，但他耳聞目睹
台灣人的誓死抗日，他卻站到台灣老百
姓的這一邊。王松《台陽詩話》説：
「乙未，台灣改立民主國，即陳季同先
生所建議也。」他當時是仿效法國的民
主政體，為台灣紳民拒奉朝廷割地之命
尋求一合理解釋。他為尋求法國的支
持，還登上法國軍艦，向法國政府送交
相關信函。五月二十五日「台灣民主
國」正式成立，連橫在《台灣詩乘》中
説：「乙未之役，台灣自主，奉巡撫唐
景崧為大總統，以禮部主事李秉瑞為軍
務大臣、刑部主事俞明震為內務大臣、
副將陳季同為外務大臣。」只是台灣的
軍力無法抵擋日本的重兵，最後唐景
崧等官員內渡，民主國也為之煙消雲
散了。

　　之後，陳季同在上海首先參與創
建中國女學堂，後又創辦《求是報》
（International Review）。此時他的主要

陳季同

求是報

工作轉向中國知識界傳播西學。他在《求是報》中翻譯、介紹西方自然科學和法律、政治制度，宣傳了維新思想，傳播了西方的政治、法律觀念。他是最早翻譯《拿破崙法典》的，因為他精通法國的政治律法，「雖其國之律師學士號稱老宿者莫能難」。即便晚年閒居滬上，「西人有詞獄，領事不能決，咸取質焉；為發一言或書數語與之，讞無不定。其精於西律之驗如此。」

陳季同在當時就很清楚地意識到中國文化不應故步自封，應該走向世界，他不遺餘力地向西方宣傳文化，其用意在讓世界真正了解中國，讓中國能夠融入世界。他曾向曾樸談過如何消除中西文化的隔膜和誤會，他說我們首先應確立「不要局於一國的文學，囂然自足，該推擴而參加世界的文學」的態度，然後「要參加世界的文學，入手方法，先要去隔膜，免誤會。要去隔膜，非提倡大規模的翻譯不可，不但他們的名作要多譯進來，我們的重要作品，也須全譯出去！」。這種國際的眼光在當時可

說是領先於許多知識份子的。當然它對於曾樸的走上研究、翻譯法國文學的道路，起了決定性的作用。在未來的三十餘年中，曾樸翻譯法國文學作品約有五十多種，他也始終未曾忘懷陳季同這位他的法國文學的啟蒙老師。

今天此地的國中生在歷史課本的台灣史部分，都可以讀到在台灣民主國建立中，占有重要位子的台灣布政使陳季同的名字。但是除了這一小段和台灣有關的事蹟外，大家對陳季同的成就與貢獻，可說是茫然無知了。一個百年前傑出的文化使者，向西方傳播中國文化的先驅者，是不該再讓他湮沒無聞的，在他的法文著作陸續翻譯出版的今日，也是我們重新認識他的時候了。久違了，陳季同先生。

曾樸（筆名東亞病夫）對陳季同的贊佩

從《學衡》到《戰國策》
——被遺忘的陳銓

一九四二年作家陳銓在他的《藍蝴蝶》劇本開頭引用莎士比亞戲劇的名言:「世界是一個舞台,人生是一本戲劇,誰也免不了要粉墨登場,誰也不能在後台休息。」然而二十世紀四○年代,陳銓因緣際會、「粉墨登場」,風光無限;而隨著新政權的建立,陳銓不得不退出歷史的舞台,到「後台休息」了,他被人們遺忘了。「文革」期間,他四川富順老家的兄弟、姪子都不知他的下落。他當年的中學同學、革命作家陽翰笙在一九九二年還託人打聽陳銓的下落,但他殊不知那時陳銓已離開人世二十三個寒暑了。

陳銓一九○三年九月二十五日生於四川富順縣城的鹽井街,父親是個秀才,還精通中醫,家裡開了個中藥鋪。私塾的教育奠定陳銓的古典修養,十三歲以後,他被父親送到富順縣高等小學堂讀書。一九一九年他考入四川國立成都中學,與陽翰笙成為同班同學。一九二一年陳銓以優異的成績,考上清

華留美預備學校。一九二二年一月，吳宓在南京和梅光迪、胡先驌等幾位同仁，共同創辦了《學衡》雜誌。據學者沈衛威查得陳銓的檔案，他與吳宓最早的結識是在一九二二年在南京東南大學的暑期學校。這一年暑假，陳銓和清華同學賀麟、向理潤到南京參加兩週暑期學校，吳宓為這次暑期學校開設兩門課。而兩人更進一步的交往則要等到一九二五年吳宓回到清華教書後，他成為吳宓最得意的三個弟子之一，其他兩人是賀麟和張蔭麟。陳銓曾説：「吳宓，清華時我最親密的先生。我常去請教他，他許我為天才，盡力提拔我。我做學生時，他介紹我的翻譯蘇聯小説《可可糖》（Chocolate）到《大公報》登《國聞周報》，又介紹我的小説《革命的前一幕》給新月書店（後來新月改成《天問》）。因為他的勸告，我學文學。」其實在一九二五年間，陳銓是「左右清華文壇的人物」。據學者黃延復的統計，從創刊到第四期的《清華文藝》，陳銓以「大銓」、「記者」、「濤每」和「編輯」為名，共發表文章三十八篇。

後來他上吳宓的翻譯課，開始在《學衡》發表詩歌翻譯。一九二五年《學衡》第四十八期有他翻譯的雪萊（Shelley）的〈雲吟〉（The Cloud），四十九期有他和吳宓、張蔭麟、賀麟、楊昌齡同時翻譯的羅色蒂（Mrs. Rossetti）的〈願君常憶我〉（Christina），一九二六年五十四期有翻譯Keats的詩作〈無情女〉（La Belle Dame Sans Merci），五十七期有翻譯歌德的兩首詩。學者沈衛威認為「陳銓受吳宓的影響，從《學衡》翻譯詩歌起步，從清華校園走出，經《國聞周報》連載翻譯小説得到進一步鍛鍊，而後攜長篇小説登上文壇，這背後的動力是他的老師吳宓。」

　　一九二八年七月底，陳銓啟程赴美留學，他進入美國俄亥俄州的奧柏林大學學習英文和德文。兩年後，他獲得碩士學位。再進入德國基爾大學主修德國文學及哲學，在導師著名的黑格爾專家理查德・克羅納爾（Richard Kroner）的指導下，陳銓系統地研讀了黑格爾、康德、叔本華、尼采等人的著作，梳理出了德國近代思想發展的基本線索。一九三三年七月，他獲得文學博士。又進入德國海德堡大學研究德國文學及哲學。一九三四年一月，他返回闊別五年的祖國。

　　因經濟因素及朋友的請託，他先到武漢大學教授英文及英國文學，但只有短短五個月，他就受聘為清華大學德文系講師，一九三六年升任教授。一九三六年四月，他在《清華學報》第十一卷第二期發表著名的論文〈從叔本華到尼采〉，論述了尼采如何從信奉叔本華的悲觀主義思想，走向超人哲學，成為強力意志哲學的宣傳者。同時他當年在德國完成的博士論文，經他自己譯成中文，書名改為《中德文學研究》，也在同月由商務印書館出版。

　　學者季進、曾一果認為《中德文學研究》是站在歷史的高度和運用世界的眼光，把中德文學置於一個平等對話的語境中，第一次系統考察與論述了中德文學交流及其背後的文化因素，為「中國文學的世界性」命題提供了一個極具說服力的個案，作者對中德文學、世界文學乃至人類文化和諧發展的深刻見解，至今仍有著深遠的意義。《中德文學研究》也開創了此後中德文學關係研究的基本思路，成為中德文學研究與比較文學研究的經典之作。但學者李歐梵卻認為「誠然，這是一本開山之作，架構很大，資料也比較豐富，但方法似乎相當保守。如果與錢鍾書在牛津的論文『China in the English Literature of the 17th and 18th Century』（《17、18世紀英國文學中的中國形象》）相比，二人的功力恐怕高下自明了吧？」。

抗戰期間，陳銓和雷海宗、林同濟同聚於昆明，在面對民族生存危機，因為三人大致相似的學術、思想背景，特別是基於共同的對「民族精神」的理解，於是因緣際會，他們走到一起。他們利用昆明、重慶兩個戰時文化中心的幾個重要媒體，如《大公報》、《今日評論》、《民族文學》、《戰國策》等，宣傳自己匡時救世的思想。於是一個非常活躍的文化學派——「戰國策派」就這樣誕生了。

「戰國策派」是一九四〇年，因林同濟、陳銓、雷海宗、沈從文、賀麟等人在昆明創辦《戰國策》半月刊而得名的。在《戰國策》第二期〈本刊啟事〉中，聲稱：「本社同人，鑑於國勢危殆，非提倡及研討戰國時代之『大政治』（high politics）無以自存自強……，抱定非紅非白，民族至上，國家至上之旨……，此中一切政治及其它文藝哲學作品，要不離此旨」。他們根據斯賓格勒和湯恩比的研究成果，又借鑒了維柯的歷史循環論，通過對中西歷史發展演變的分析，認為：當時的世界處於人類歷史的列國階段，中國正處於大一統階段的末期，由於長期處於高度皇權集中的大一統情況下，形成了官僚體制下的四種毒質：「皇權毒」、「文人毒」、「宗法毒」、「錢神毒」，由此造成人心渙散的慵懶風氣，特別在外敵入侵的時候，這種社會弊端暴露得更為明顯。針對這種情況，陳銓大膽借鑒尼采的意志哲學，提出「權力意志」和「英雄崇拜」。

學者葉雋指出，戰國策派素來以其德國特色而名著於世，但當時的論者又多將其認為「在政治上鼓吹強權政治，歌頌德國法西斯的獨

裁統治，在文學上，他們力圖納入表現恐怖的特務文學和表現狂歡的色情文學的軌道」，也因此「戰國策派」被打成「反動的法西斯主義思想逆流」。其實若重估他們在文化史的價值，他們所提倡的「民族文學」，其實是抗戰文化的一個分支，而「民族至上、國家至上」以及建立元首制的呼籲，也是戰國策派學人救亡第一的政治策略。

學者黃波就認為，如果硬要追問「戰國策派」學人錯在何處，只好說他們的「救世之心」太切了！不僅是他們關於政治的看法，其學術研究中也往往貫注著強烈的救世欲望。雷海宗提出的中國文化獨占兩周並且有可能經由抗戰開闢第三周的觀點當年頗為轟動，但他認為，其中多是套用斯賓格勒的文化形態史觀模式推演而來，沒有多少實證的基礎，在抗戰的特殊背景下固然能激勵士氣和人心，而學術的獨立性卻未免要打些折扣。「以天下為己任」，即使將自己適度扭曲也在所不惜，這其實要算中國近現代知識份子的「通病」了。

與「戰國策派」諸人不同的是，陳銓作為一個文學家他意識到文學運動與民族運動之間的深刻聯繫，認識到文學在建構民族觀念方面的獨特作用。作為對民族文學的創作實踐，陳銓寫過不少作品，如劇本《野玫瑰》、《金指環》、《藍蝴蝶》、《無情女》，還有長篇小說《狂飆》等。其中《野玫瑰》從昆明到重慶演出一路轟動，據統計，它在重慶總共演出十六場，觀眾達到萬人以上。陳銓因此劇獲得了前所未有的聲響，也引起了官方的重視，一九四二年四月，國民政府教育部頒發年度學術獎，陳銓的《野玫瑰》名列三等獎。關於這個獎項，研究者季進、曾一果認為「這次評獎並沒有以政治傾向作為依據，體現了評獎委員會非常獨立的立場。後來此類獎項，也有不少

左翼人士包括共產黨作家的作品獲獎。」可是當年得獎的《野玫瑰》卻遭到了來自左翼的猛烈的抨擊，「糖衣毒藥」、「炮製漢奸理論」等帽子都不期而至。據演員白楊的回憶，以「革命作家」出名，實為中共在大後方的文化領導人之一的陽翰笙更乾脆斷定「陳銓是文化特務」。而國民政府方面針對左翼的批評聲浪也作出了回應。《野玫瑰》的風波看似偶然，其實正透出國共兩黨對意識形態控制權的爭奪，而陳銓就這樣身不由己地捲入了名為文藝實為政治的糾葛中。

當時話劇成為抗戰宣傳的一項重要活動，陳銓積極投身到這一運動中，他當時集編劇、導演、戲劇理論批評三者於一身，再加上他原本的大學教授、作家，他的身份可說是多重的，也可以想見他當時的炙手可熱。陳銓不僅是一個多產的劇作家，而且是一個多產的小說家。在一九四九年以前，他創作出版了近十部中長篇小說，如《天問》、《革命的前一幕》、《戀愛之衝突》、《死灰》、《傍徨中的冷靜》、《再見冷荇》、《歸鴻》、《狂飆》等，此外還有大量的短篇小說散見於各個時期，如〈重題〉、〈瑪麗與露茜〉、〈旅伴〉、〈一句話〉、〈花瓶〉、〈支票〉、〈臘梅〉、〈訂婚〉、〈婚變〉、〈風波〉等等。雖然陳銓小說也借鑒了中國古代小說和戲劇的結構安排，但是小說的思想基本上是西方式的，小說的風格也比較浪漫誇張，喜歡大段議論，完全擺脫了中國小說單純的外部描寫的手法。

然而自從一九四九年到他一九六九年生命結束時的二十年間，他因背著抗戰時那些所謂的「反動劇本和文章的問題」，加上一頂右派帽子（一九六一年雖被「摘帽」，但是摘而不掉，帽子仍背在身後），使他

艱難地跋涉著。文學的創作熱情已消失殆盡,翻譯和研究也只能在家中暗自進行。也僅有一九五五年在王造時主持的上海自由出版社,翻譯出版德國作家弗里德里希‧沃爾夫的《兩人在邊境》一書。大量的翻譯和研究文稿無法出版。他的學生回憶說,他看上去還樂觀,但也有知情者說,他實際上很孤獨、苦悶。

一九五七年「反右」運動,他被下放到南京大學外文系的資料室。南京大學的學生已經很少人知道這位「圖書管理員」的來歷了。翻譯家楊武能在〈圖書管理員「陳銓」〉一文中,回憶當年的情景:「這寶山（指資料室）也有一位充當看守的小矮人吶!別看此人個子矮小,可卻神通廣大,不僅對自己掌管的寶藏瞭如指掌,而且盡職盡責,開放和借閱的時間總是堅守在自己的位置上,還能對師生的提問給予解答。從二年級下學期起,我跟這小老頭兒幾乎每週都要打交道,都要接受他的服務和幫助。我敢斷言,像他似的既學識淵博又有求必應的圖書管理員,恐怕很難找到第二個了。起初我對此只是既感嘆又慶幸:自己進入的這所大學真是個藏龍臥虎之地!日後我才得知,這位其貌不揚、言行謹慎的老先生,名字叫陳銓。他雖然精通德語和德國文學、文化,卻上不了講堂,原因是據說不但歷史有問題,解放前寫過一部『甚至得到蔣介石讚賞』的劇本《野玫瑰》,而且還是個『大右派』!可儘管如此,我發現我的老師葉逢楨、張威廉卻異常尊敬他,不像某些人似的對他直呼其名,而總是稱他『陳先生,陳先生』。」

「文革」期間,六十多歲的陳銓,天還沒亮就要拖著有嚴重哮喘病的身體,去打掃樓道的所有廁所,冬天裡還要掃除樓前的積雪,

然後再到學校準時「上班」，那時的「上班」，也就是無休止的政治學習或思想檢查。人們在陳銓的胸前掛上黑牌，終日不准拿下，這給老弱病殘的身體帶來了致命的打擊。一九六九年一月三十一日，一個寒冷的冬日，陳銓這位尼采學說的中國門徒，終於支撐不住，頹然倒下，走完他六十六年曲折豐富的人生歷程。

陳銓在一九四九年以後即基本上從文學界和學術界消失了，年輕的讀者幾乎不知道他的名字，他的生平、作品及研究資料，可說是相當缺乏。學者季進、曾一果兩人花費大量精力，在二〇〇五年出版《陳銓：異邦的借鏡》一書，是第一次梳理了陳銓的生平創作，還原他在中國現代文學史及文化史的地位之作。而學者李歐梵在讚賞該書之餘，對陳銓晚年不無感慨，他想到同樣也是留德的朱光潛，他說：「朱先生終其一生，晚年雖自認是歸依於馬克思主義，但真正服膺的卻是維柯（Vico，也是薩伊德最佩服的西方思想家），去世前終於譯完維柯的巨著《新科學》。而陳銓在一九四九年以後，卻一無所成，尼采的遺產徹底破產，留下一片思想上的空白。在整整十八年中，這位當年赫赫有名的一流學者，卻只能虛心翻譯一本二流的蘇聯學者寫的《德國文學概論》，借此重溫舊學，他日記中一再提到的『回家繼續讀Tinko』，也不知這個Tinko是何許人或何許書。」到底是他才華幽閉了？還是不斷地整風使他封筆了？造化弄人，天曷言哉！

為「盛名所累」的哲學博士

——張競生

曾經是三〇年代「新感覺派」的作家，後來又是著名的學者的施蟄存，在他的一篇名為〈房內〉的文章中說道：「有一位荷蘭學者高羅佩（vangulik），在日本、中國和其他東方國家任外交使節十餘年，對中國人的性生活發生了興趣，寫了一部書：《中國古代的性生活》，出版於一九六一年，正當我國文化閉關的時候，中國知識界非但無法見到，甚至未聞其名，不知其事。……現在，居然見到了一個中文譯本，書名為作者所擬另一個書名：《中國古代房內考》。大約是為了避免『性生活』這三個刺眼的字，改用雅言『房內』，儘管書是『內部發行』的，也仍然可見譯者還有一點顧忌。書是朋友借給我的，不能久借不還，我花了整整三天把它看完了。看完之後不免長歎。第一個反應是：這本書為什麼中國人不寫，而讓外國人來寫？……兩位譯者都是青年人；他們對中國文化史的知識大約僅限於一九四九年以後。

他們似乎不知道中國性學的開創之功，應當歸之於江紹原、潘光旦、周作人、張競生。而刻印《雙梅景暗叢書》的葉德輝，尤其不能說他不是中國性學的開創人。周作人在北京大學收集猥褻民歌，至今無法印出。張競生大張旗鼓地推動性學，卻被『小江平』等人搞壞了，在『千夫所指』之下，丟掉北京大學教授之職，回去隱居。他的《性史》終於沒有寫成。」

張競生一八八八年出生於廣東饒平。幼名江流，學名公室。留法前取達爾文「物競天擇，適者生存」之意，改名競生。幼年在本鄉私塾就讀，一九○三年考入由縣琴峰書院改名的縣立第一小學。次年考入汕頭同文學校。一九○六年八月考入清朝設於廣州的黃埔陸軍小學第二期，該校雖名為小學，所授課程實為高等學校課程，學制三年，外文要求能翻譯，每年招生一百名，第一期學日文，第二期學法文，第三期學德文，第四期學英文。張競生在那裏選修了法文，伏下了他後來留學法國的因緣。

張競生

一九〇九年在陸小讀書期間，他如
飢似渴偷看《民報》及其他革命報刊，
萌發了反清思想，遂為校方注意乃以帶
頭剪辮子等罪名將他開除。後以該校副
監督、實為地下革命黨人趙聲介紹往新
加坡謁見孫中山先生，盤留月餘，受其
教導，決定回國北上參加革命活動。
一九一〇年張競生接受其父「先結婚，
後去上海讀書」的條件，與鄰村十五歲
陳姓女孩結婚。這個心靈打擊成了他後
來矢志反封建、反對盲婚，堅持性教
育，主張自由婚姻的一個重要原因。

張競生與孫中山

婚禮之後，張競生即赴上海，先進
入上海震旦學校就讀，旋又考入北京法
文高等學校及京師大學堂（北京大學的
前身），以學生的身份從事京津同盟會
反清活動。時汪精衛謀刺清攝政王載
灃未遂被捕，張競生受命參與營救汪
精衛，遂與汪精衛、陳璧君夫婦成為
莫逆。

當時的京師大學堂，就像一所官辦
的大私塾，從教制、師資到課目的安排
都乏善可成。學生得閒，不是逛八大胡

同，就是請客喝酒，忙於交際應酬。張競生目睹這些景況，他極為煩悶就跑到學校的藏書樓去看書，據說在藏書樓裏發現了德國人施特拉茨的《世界各民族女性人體》一書，這是通過收集整理世界各民族典型女性人體照片和資料，來確定不同人種、不同民族女性人體特徵的人類學著作。他反覆閱讀此書，這又伏下了他日後研究性學的因緣。

一九一一年辛亥革命爆發後，張競生參加南北議和時，他曾是孫中山指派的民國代表團的秘書。不過張競生對於政治沒有什麼興趣，議和後他表示要出洋求學，得到孫中山嘉許。一九一二年十月，張競生與宋子文、楊杏佛、任鴻雋等人以官費生出洋。張競生到法國，先入巴黎大學，一九一六年獲學士學位；又入里昂大學哲學系，一九一九年以《關於盧梭古代教育起源理論之探討》為題通過論文答辯，獲哲學博士學位。留法期間，他也熱心於社會活動，曾與汪精衛、蔡元培、吳玉章、李石曾等人發起組織「法華教育會」，對其後的留法勤工儉學運動以及中法文化交流都曾起過積極作用。

張競生在法國接受了大量西方學術和思想，腦子裏放滿了社會學、性學、優生優育之類的學問，心中則是改造中國、建設中國的宏願。一九二〇年他自法歸來，先是受聘為廣東省立金山中學校長，在任上他推行一些改革，如招收女生、提倡游泳之類。如果說這些改革是那時新潮人物行事中應有的風格，那麼他上任伊始就向軍閥陳炯明上書建議推行「節制生育」，就未免顯得太不合時宜，太書生氣十足了。張競生任金山中學校長不到一年，就出了風波：一個學生在他所提倡的游泳中不慎溺死，再說他的那套西化的教育改革也被認為「不合國情」，於是去職。

一九二一年十月，他接到北京大學校長蔡元培的聘書，邀請他為北京大學哲學系教授。他講授的課目有「行為論」、「論理學」、「風俗學」、「相對論」、「孔德學說」、「社會主義學說」和「唯物論」等。他將嚴復譯為「名學」、林紓譯為「因明學」的西方「論理學」，更名為「邏輯學」，並編寫了一本《普遍的邏輯》講義，另外他還率先講授「性心理學」，對青年灌輸科學的性知識。

一九二二年四月，美國生育節制運動及性教育運動的領袖人物山格夫人（Margart Sanger）訪華。張競生和胡適一同接待她，山格夫人在北京大學做了關於〈為什麼要節育〉的報告，後來全文刊於北京《晨報副刊》。她可說是張競生性學研究的有力支持者。會後張競生曾感慨說，山格夫人主張節制生育，被待為上賓，只因她是美國女人；而他的主張相同，卻被目為發神經，只因他是中國男人。張競生早在二十世紀二十年代就大力倡導節制生育——也就是今日的計劃生育，堪稱先知先覺，但因「不合國情」而大受抨擊。

一九二三年四月二十九日，張競生於北京《晨報副刊》上發表了〈愛情定則與陳淑君女士事的研究〉一文，提出：（一）、愛情是有條件的。（二）、愛情是可比較的。（三）、愛情是可以變遷的。（四）、夫妻為朋友之一種。張競生之所以寫出這篇文章，乃是他同為北大的教授、校長室秘書譚熙鴻的喪妻與繼娶小姨子而起的。譚熙鴻的元配陳緯君是汪精衛夫人陳璧君的同父異母的姊妹，陳緯君不幸於一九二二年三月十七日因染猩紅熱症去世。半年後其妹陳淑君從廣州到北大來唸書，住在譚家，不久兩人相戀，進而同居。據譚熙鴻的兒子譚伯魯在〈譚熙鴻與北京大學〉一文中說，陳緯君的過世，讓陳

璧君認為譚、陳兩家這門親戚可以自此斷絕，沒想到陳淑君又讓譚熙鴻成為陳家的雙料女婿，於是「她怒不可遏，遂煽動過去與陳淑君接近的一位男友，到北京《晨報》館找記者投訴，由編輯孫伏園（此前孫是北大圖書館管理員）接見。他稱與陳已有婚約，譚奪其所愛，有礙風化云云。陳淑君見報後，次日即在《晨報》公開辯白，申稱與某君相識只數月，『無婚約之預定』，並聲明『淑與仲逵（案：譚熙鴻）結婚，純屬個人自由，雙方志願，第三者無置喙之餘地。此後如有此類之函件……淑認為侵犯淑個人自由，自有法律為之維持，淑則一概不屑為之置辯』（1923年1月16日《晨報》）」。

張競生在文中極力為陳女士辯護，他說：「所以鄭重寫出此篇，使人知道愛情的變遷，自有變遷的理由。使人知道夫妻是朋友的一種，可離可合，可親可疏，不是一人的專利永久可佔有的。希望此後用愛或者是被愛的人，時時把造成愛情的條件力求改善，力求進化。那麼，用愛的不怕被愛的有變遷，被愛的也不怕用愛的有改志了。……現在我們應當明白的，陳、沈定交，全是新式。主婚憑自己，解約安待他人？憑一己的自由，要定婚即定婚，要改約即改約。若人以她的解婚為駭異，應該駭異她從前的定約了。若人以她就譚為迫協，怎麼不說她先前愛沈也有同樣的嫌疑呢？無論陳與沈的定約，僅是口頭文字上的表示，即使為夫婦，也可離婚從別人，於情於理原無違背。因為夫妻原是朋友一種，有條件，可比較，可變遷的。夫妻相守能永久，或已定婚必要守約，這個或許是一件好事。倘若夫妻不能長久，或定婚至於解約，乃為個人主觀環境及愛情條件的變化，斷不能說他一定不好了，明白此理，我個人對於陳女士不獨要大大原諒

她，並且讚許她。」由於張競生在辯護外，更提出他個人對婚姻的看法，其中不乏新奇駭俗之處，遂引起人們的爭議，包括梁啟超、魯迅、許廣平、孫伏園在內的六十幾位讀者，都參加了這場沸沸揚揚長達數月之久的辯論會。八十年過去了，雖然關於此事有不少以訛傳訛的失實之處，但有些學者認為這是我國有史以來第一次有關婚姻與愛情問題的大討論。

一九二五年張競生出版了《美的人生觀》和《美的社會組織法》兩書，提倡「性格剛毅、志願宏大、智慧靈敏、心境愉快的人生觀」；主張學習美國的經濟組織法和日本的軍國民組織法，認為這樣可以使中國「臻於富裕之境」，「進為強盛之邦」。《美的人生觀》出版後，周作人在文章中稱讚：「張競生的著作上所最可佩服的是他的大膽，在中國這病理的道學社會裡高揭美的衣食住以至娛樂的旗幟，大聲叱咤，這是何等痛快的事……總之，張先生這部書很值得一讀，裡邊含有不少好的意思，文章上又時時看出著者詩人的天分……」。當年蔡元培倡議以美育替代宗教，提高全民素質，張競生的思想與此暗合，理論與此呼應，甚得青年學子的歡心。該書先是作為北大教材印行，一九二五年發行全國，多次再版，成為暢銷書。《美的社會組織法》實際上是一部社會學著作，它集張競生社會思想之大成，許多內容超出了傳統美學的範圍，但張競生刻意將它寫成一部美學書，這反映他對美學的獨特理解。他主張建設一個情愛與美趣的社會，其極端處，便是竭力提倡「情人制」、「外婚制」和「新女性中心論」。另外張競生還組建了「審美學社」，提倡美育。接著又組建了「性育社」，這被認為是中國最早提倡性教育的組織。

張競生曾擔任「北京大學風俗調查委員會」主任委員，受到北大自由研究氛圍之影響，他認為性以及與性有關的風俗等，當然也在應該研究之列。於是在一九二五年冬，他在《京報副刊》刊登〈一個寒假的最好消息——代「優種社」同人啟事〉的性史徵文。張競生認為，性要成為一門科學，要先有性史做材料。性史，就是性的材料，愈多愈好，不管它是正常的，或是變態的，都應一併搜集，就其材料整理，推論它的結果，使之成為一種科學的論據。然而就其在徵文啟事所列舉的問題觀之，有些是頗富於煽動性的，不像是學術研究的調查。尤其是他要「尚望作者把自己的『性史』寫得有色彩，有光芒，有詩家的滋味，有小說一樣的興趣與傳奇一般的動人。」這簡直是要求應徵者將「性史」寫成煽動性的傳奇小說，絕不是研究者所應有的態度，也就是說張競生徵求「性史」的本意，就在於先發表，不在於先研究。而將這種富於煽動性的性交描寫的原件，大辣辣地發表，是很容易被視為「淫書」的。

一九二六年五月，張競生以「性育社」的名義出版了《性史》（性育叢書第一集）。只印了兩千本，在北京去一掃而空，少數流入上海，投機書商大量翻印，遂氾濫全國。卻沒料到小小一冊書，竟引發了一場軒然大波，他本人由此成了中國二十世紀文化史上的有名人物，也為此付出了身敗名裂的慘重代價。這冊《性史》的內容，包括：〈我的性經歷〉（一舸女士）、〈初次的性交〉（江平）、〈我的性史前幾段〉（白蘋）、〈我的性史〉（喜蓮）、〈我的性史〉（蘋子）、〈我的性史〉（乃誠）、〈幼時性知識之獲得的回顧〉（敬仔）等七篇，都富有煽動性的描寫。雖然張競生在〈序〉中說：「我開頭

來學金聖嘆批《西廂》口氣，說這部
《性史》不是淫書。若有人說它是淫
書，此人日後定墮拔舌地獄。……譬如
交媾一事誰人不會，但我們所提倡的乃
是藝術的交媾法，它比普通的不會涉入
於淫而反能得到肉體最大的快樂。……
用藝術的方法做去，男女相與間，自然
能於肉慾中得到心靈的愉快，於心靈中
又得到了肉體的滿足。男女彼此互相裨
助，既不損男，又不害女，男女一體，
靈肉一致，由此一方面，可以得到性慾
的昇華，一方面又得到了優種的結果。
藝術方法的重要誠有如此者，故我於每
段之後加上一些『按語』，希望供給讀
者些少藝術的方法，以便得到了男女間
最協洽的效果。」但這些「按語」常常
是分析交媾方法的是否妥善，並沒有甚
麼科學的根據。因此欲令人不說是淫
書，又怎麼可能？

《性史》書影

　　《性史》一出，即掀起軒然大波，
輿論一片譁然。有人描述道：「正人君
子搖頭嘆息，而又在暗中讀得津津有
味；封建衛道之士更氣急敗壞，活像掘

《性史》

了其祖墳。」《性史》出版後僅四個月，便先在天津遭禁。起因是南開學校校長張伯苓致函員警廳，稱南開附近的書店出售《性史》、《情書一束》、《女性美》、《夫婦之性的生活》、《渾如篇》等書，「誨淫之書，以此為最，青年閱之，為害之烈，不啻洪水猛獸。」於是員警廳下令將《性史》等書全部沒收，並且「嚴密查察，如有售賣，送案究懲，勿稍姑息，以維風化」。此舉當然遭到南開一些開明師生的強烈不滿，有人投書報刊，指責「入了張伯苓的南開，就好似入了始皇帝的秦國：教你怎樣你就得怎樣。……隨便草上一封信，而全天津的人便不能再看《渾如篇》、《性史》等書。」周作人在《語絲》的〈南開與淫書〉一文中發表了投書，並表示了他本人對於此事的態度：周作人說他已經看過《性史》等書，「覺得並沒有什麼，……不覺得這些書的害甚於洪水猛獸。」又說：「我並不因為認識張競生、章衣萍諸君而想替他們辯解，我也不說這些書於科學

上或文學上有怎樣大的價值，我也不想拿去給自家的或友人家的子女讀，然而我也不覺得怎麼可怕，自然更沒有『查封』之必要。假如我的子女在看這些書，我恐怕也要干涉，不過我只想替他們指出這些書中的缺點與謬誤，引導他們去讀更精確的關於性知識的書籍。」

　　當《性史》第一集出版時，張競生已經徵集到二百餘篇，原準備繼續出版若干續集。但他一看社會輿論譁然，立刻取消了出版計畫，並且通知書店第一集也不可重印。然而他萬萬沒有想到事情已經無法挽回，他已經落入一個百口莫辯的陷阱之中——上海等地一些不法書商發現《性史》第一集非常暢銷，先是大量翻印，接著又盜用他的名義，連續出版所謂的《性史》續集。據張競生的兒子張超說在一九八〇年代，他在海外華文書店見到過《性史》第十八集。有位朋友說他曾看過第二十三集哩。張競生當時雖曾訴諸法庭，但更多的情況下是無法查出出版者，只能徒喚奈何。他於是在報紙上刊登啟事，希望澄清事實，結果也收效甚微。世人大多以為《性史》連同所有的續集都是張競生所編印的。「賣春博士」的惡名由此而起。

　　而對於編印《性史》一事，他事後不久就一再反省思考，在晚年所寫的回憶錄《十年情場》一書中，更是對此深自懺悔！他說：「總之，我在當時已知《性史》所犯的錯誤了，但因社會上的責罵與禁止，使我無法去糾正我的錯誤。在後我到上海開美的書店時儘是介紹藹理士的學說，至於該書所附的性史與我國人的性史一件不敢介紹。但可恨太晚了，性學淫書被人們混視為一途了，我雖努力改正我的錯誤，但已來不及了。『性學博士』的花名與『大淫蟲』的咒罵，是無法避免了。時至今日，尚有許多人不諒解。我的自責，我的懺悔，也

極少得到人的寬恕了。朋友們，聽它吧！聽它命運的安排吧！我是習哲學的。哲學家應有他的態度：就是對不應得的名譽與譏謗，都不必去關心。但自痛改過與竭力向上，這些是應該的。」

　　《性史》出版不久，軍閥張作霖攻入北京，蔡元培去職，北大局勢驟變，張競生只得於一九二六年下半年離京去滬。據他自述，他為此決定脫離北大，就在上海與友人合資開辦了「美的書店」。也有人認為他是因為《性史》風波鬧得聲名狼藉，蔣夢麟恨他不聽勸告，一意孤行，故不惜破例解聘，因此才去上海的。「美的書店」由友人謝蘊如任總經理，張競生自任總編輯，另外請了幾位臨時編輯。開張之後，生意興隆，所編的各種書籍經常很快銷售一空。「美的書店」編印的書籍主要有三類：（一）、是《性育小叢書》，這是從藹理士著作中所論各種性問題編譯而成，通常每個專題約一兩萬字。叢書採用平裝本，封面上都印有從巴黎公開出版物上取來的藝術裸體女像──這在當時是非常新鮮大膽的。又因叢書定價低廉，因而購者踴躍，非常暢銷。（二）、是普通文藝類書籍，包括美學、宗教、藝術等。（三）、是浪漫派文藝和文藝叢書，如《盧梭懺悔錄》、《茶花女》之類。

　　據當年在上海暨南大學唸書的溫梓川在《文人的另一面》書中的回憶，在一九二八年的秋季，他們為了邀請名人演講，曾去拜訪張競生。「我們和他見面，正是他在上海四馬路青蓮閣附近創辦美的書店、出版《新文化》月刊、出版《美的人生觀》和《第三種水》等書、還介紹了英國藹理士那部性心理學書的時候。那時美的書店在不大講究布置的新書店陣容中，的確算得是一間名符其實的『美的書

店』。它不但布置得新穎、美化，就是所出的書籍，也另有一種風格，封面尤喜採用英國薄命畫家皮亞斯萊的插畫，使人愛不釋手。而且還打破了中國商店的傳統，在上海破天荒聘用年輕女店員，後來這種風氣才跟著慢慢傳開去。繼而創造社開辦的『上海咖啡』，才聘用了女招待，但卻不像美的書店的女店員那麼一本正經，那麼有規有矩。雖然當年魯迅就曾嘲笑過，說是有顧客到美的書店去，對女店員調侃，語氣意義雖涉雙關，但女店員卻規規矩矩若無其事地照實回答。」這裡提到的嘲笑，那是魯迅在〈書籍和財色〉一文的說法：「……但最露骨的是張競生博士所開的美的書店，曾經對面呆站著兩個青年臉白的女店員，給買主可以問她『《第三種水》出了沒有』等類，一舉兩得，有玉有書。」

溫梓川說：「張競生開辦的美的書店，生意雖旺，但是官司卻打了十多次，成為當年上海報紙上的頭條新聞。每次開庭，報紙上總是務求詳盡連篇累牘地大事宣染，張競生的名氣能夠那麼響亮，那麼家喻戶曉，這未嘗不是一個原因。」又說：「我們在那裡等了不久功夫，張競生果然從外面進來了，他的個子並不昂長，只是很壯碩，跑路也是雄赳赳的，有點像歐洲人那種高視闊步的神氣。大概四十多歲的樣子，紅光滿面，神采斐然。……我們告訴他，我們很喜歡讀他主編的《新文化》月刊，他點點頭。我還問他，他編的《性史二集》、《性藝》等書，為什麼不在美的書店出版。他告訴我們，那些都是一些下流胚子冒用他的名字亂搞的東西，並不是他編的。他說著還慨嘆他的著述想不到會得到這樣相反的影響。」

褚問鵑

「美的書店」雖然一度非常興旺，卻是好景不長，只兩年光景就關門歇業了。據張競生自述，是因為書店業同行嫉妒、惡意傾軋的結果。其實在這兩年多，他漸漸感到各方對他所施的壓力強大，連續不斷的官司也很厭煩，更不能忍受租界警方的勒索，要他每月付出一千大洋，因此忍痛把書店結束了。「美的書店」歇業之後，張競生於一九二八年偕夫人褚松雪（案：褚問鵑）到杭州西湖遊覽，結果被浙江警方以所謂「性宣傳罪」逮捕，聽說是當時擔任浙江教育廳廳長蔣夢麟向省府提議的，蔣夢麟表示：「我們以前在北大請他當教授，是請他教哲學的，他竟這樣搗亂，所以非懲治他不可。」當他由待質所解往法院受審時，湊巧碰到黨國元老張繼到杭州遊玩，問他何以狼狽至此？張以實情相告，經張繼的保釋，才釋放了事。當時張競生在國內一時幾無立足之地，幸得當時的廣東省政府主席陳銘樞──原是他在黃埔陸軍小學時的同學的資助，再度赴法國，研究社會學

和美學，並擬定了一個頗為宏大的譯著計畫。張競生抵法後，在巴黎郊外租了一處房屋作為工作室。卻不料陳銘樞去職，資助不再能夠獲得，譯著計劃無法實施，只譯出盧梭的《懺悔錄》、《歌德自傳》等數種。陳銘樞愧對老友，乃以私款15000元贈張競生，使他仍得以在國外過了幾年安定生活。

一九三三年他再回國內，那時主持廣東省政府的陳濟棠也是他的同學，陳濟棠給他一個「實業督辦」的頭銜，委他主編《廣東經濟建設月刊》，並兼廣州《群聲報》編輯。不過張競生此時似乎已經壯志消歇，逐漸下降為家鄉一個地區性的人物了。不久他回到饒平，做了一些組織修築公路、開辦苗圃之類的工作。

抗日戰爭爆發後，汪精衛雖屢次函電邀約到南京出任偽職，但均遭張競生所拒絕。此時張競生出任饒平縣民眾抗日委員會副主任。一九四一年他在浮山創辦饒平縣農業職校任校長，推廣農業新技術。他很早就意識到科學技術在農業生產中舉足輕重的作用，還特別注意因地制宜，倡議在溝、澗、溪、河附近種植竹子和龍眼；在山阜、山窩之間廣植五穀及柑桔、菠蘿蜜；在半山之上種植杉林。一九四四年十月，他用六枚銀元打成一把連柄小銀鋤，鋤面刻有「日執鋤頭二、三小時，提神醒腦滋生無窮」字樣，上款為「蔣公委座留念」，下款為「張競生敬贈」，意在敦請蔣介石注重農業生產。一九四六、四七年間，擬組建「中華農民黨」，他北遊滬寧、東渡台灣，可惜建黨未成。他先送農校師生二十餘人及長子黃嘉到台灣糖廠工作，並從台灣帶回甘蔗良種。他謝絕留台工作，決心與家鄉人民共進退。不久，他又渡海訪越南、柬埔寨、泰國和印度等國，鼓勵華僑團結自助，興

學育才。曼谷華僑仰慕張競生之名,多次一睹其風采。於是他在東舞台作了一次公開演講,題為「種植改良」。他建議對潮洲柑桔的種植加以改良,使其質地超過美國的「花旗桔子」。有記者以「性學」相詢,張競生淡淡地回答:「年紀老了,不願再談此事矣。」

一九四九年中華人民共和國成立後,張競生曾任饒平縣生產備荒委員會主任、廣東省林業廳技正、廣東省文史館館員等職。這一段安靜的晚年歲月,頗給人以塵埃落定、洗盡鉛華的感覺。張競生回首往事,董理舊稿新著,為後人留下了不少作品。他的《十年情場》由新加坡《夜燈報》社出版(大陸有一九八八年昆侖出版社的印本,但書名改為《情場十年》),《浮生漫談》由香港三育圖書文藝公司出版,《愛的旋渦》由香港《知識》半月刊社出版。據說他在一九六○年還完成了哲學著作《系統與規律的異同》、《記憶與意識》。但是他終於未能躲過「文化大革命」這一劫,他被扣上「反動權威」等帽子,遣往饒平縣鄉間勞改。一九七○年他在「牛棚」夜讀,突發腦溢血,翌日即去世,終年八十二歲。十年後,他的遺骨由其子移葬故鄉。

張競生的一生,是中國文化悲劇的縮影。他曾經是思想的先行者,但科學要戰勝蒙昧,除了需要膽識,也需要時間。張競生在當時無疑地走得太快了,也因此他遭到誤解和罵名。成也《性史》,敗也《性史》。但他似乎沒有為他的追求,而後悔過。後來他在〈兩度旅歐回想錄〉有一段自我辯白,頗堪玩味。他說:「有人要這樣問:『既是學者,又有錢遊歷全世界,別項學問又那樣多,偏去考究那個穢褻的陰戶問題,實在太無謂吧!』現先當知的是對這個問題的觀

察點，常人與學問家，根本上大不相同。常人不肯說，不肯研究，只要暗中去偷偷摸摸。學問家則一視同仁：他們之考究陰戶與別項性問題，也如研究天文之星辰運行，日月出沒一樣。這個並無所謂穢褻，與別種學問並無所謂高尚，同是一種智識，便具了同樣的價值。且人生哲學孰有重大過於性學？而民族學、風俗學等，又在在與性學有關。學問家，一面要有──學的精深特長；一面，對於各種學問，又要廣博通曉。無論哪種學問，都可研究。而最切要的，又在研究常人所不敢或不能研究的問題。」

　　有人稱他是中國人口學和性學領域的拓荒者，這大抵不差。他倡導節制生育比馬寅初要早出許多年，而高揭性解放、性自由的大旗，更是先驅中的先驅。學者彭小妍認為他提倡性美學，以生理衛生課本的語言，公然分析男女性器官的構造和功能、女性性反應等，用意是打破一般人對性的羞恥感，使人了解性交的目的不是生理發洩，而是感官色欲的享受，使男女雙方由「肉」的享受達到「靈」的昇華境界。但他卻宛如人間蒸發般地消失了半個多世紀，他的著作在圖書館中也難以尋覓，直到一九九八年才有《張競生文集》上、下兩冊的出版。他曾說過：「毀譽原無一定的。凡大思想家類多受詆於當時而獲直於後世者。」人們遺忘他半個多世紀了，是該重新認識他的時候了。

十年一覺飄香夢
——張競生的情史

張競生曾被稱為中國倡導計劃生育第一人，也是中國性學研究第一人，在中國發起愛情大討論的第一人。但後來譯著有《性的教育》和《性的道德》，並翻譯了英國藹理斯的《性心理學》等書的潘光旦，在《性心理學》的譯者自序中說：「在有一個時候，有一位以『性學家』自居的人，一方面發揮他自己的性的學說，一方面卻利用藹氏做幌子，一面口口聲聲宣傳要翻譯藹氏的六七大本研究錄，一面卻編印不知從何處張羅來的若干個人的性經驗，究屬是否真實，誰也不得而知。」潘光旦對張競生這種「野狐狸」的行為，是有所批評的。他對於張競生出版《性史》更是深表不滿。

張競生一八八八年出生於廣東饒平。幼名江流，學名公室。留法前取達爾文「物競天擇，適者生存」之意，改名競生。幼年在本鄉私塾就讀，一九〇三年考入由縣琴峰書院改名的縣立第一小學。次年考入汕頭同文

學校。一九〇六年八月考入清朝設於廣州的黃埔陸軍小學第二期。一九一〇年張競生接受其父「先結婚，後去上海讀書」的條件，與鄰村十五歲陳姓女孩結婚。婚禮之後，張競生即赴上海，先進入上海震旦學校就讀，旋又考入北京法文高等學校及京師大學堂（北京大學的前身）。一九一二年十月，張競生與宋子文、楊杏佛、任鴻雋等人以官費生出洋。

張競生在法國留學，深受浪漫主義愛情觀念之影響。他在這方面的言行，確實與當時乃至今天的中國國情大大相悖。在他的回憶錄《十年情場》一書中，他記述了多次他在歐洲時與外國女郎的戀愛情事。這只要看看《十年情場》中那些章節標題就可見一斑了，如：〈在巴黎惹草拈花〉、〈留學時代的浪漫史〉、〈彼此全身都酥軟〉、〈海濱變成我倆的洞房〉、〈倫敦的一次奇遇〉、〈嬌小玲瓏的瑞士女郎〉、〈我是一隻採花的昆蟲〉、〈爬上樹上尋歡〉等等，不一而足。

張競生說他在一九一二年冬到巴黎，住到「人家客店」時，對一位學圖案的法國女子發生興趣，那女子聲稱要守身如玉，張競生自慚中國人的拘謹，因此兩人始終保持好朋友的關係，並沒有進一步的發展。

第二年暑假，他在法國東方的海邊的一家咖啡店，認識一位嬌小玲瓏（他最欣賞這種身形）的女招待，彼此情投意合。他最得意的是他的情敵是一位英俊的德國大學生，「這個使我與這位德人起競爭，鼓起了我好勝的心情。我以為能打敗德人的情敵，是我以弱國的地位，也算莫大的光榮。」「就這樣在蔚藍色的天空中，在海潮怒號叫囂之

中，在鷹隼飛鳴上下的翱翔中，我們緊緊地擁抱，發洩我們如潮如電的精力。在石頭崎嶇中，在海藻活滑中，我們在顛鸞倒鳳時，有時東傾西斜，如小孩們的戲玩於搖床一樣的狂歡。海景真是偉大啊！我們兩體緊緊抱成一體時也與它同樣的偉大。有一次，天氣驟變雷電閃爍於我們的頭上。我們並不示弱，彼此擁抱得更堅固，性慾發洩得與天空的電氣一樣的交流。我們遍身也是電一樣的奔放。可說是：『天光與「性電」齊飛，「慾水」和海潮一色』。」他們相愛了兩年有餘，其間，這位情人還為他生了個女嬰，可惜不久就夭折了。這位法國情人雖然性格溫柔、禮貌周到，卻患有歇斯底里症，遇到刺激，便口吐白沫，不省人事。張競生好幾次被驚嚇得魂飛天外。此外，她的文化程度很低，連法文字母也寫不清楚。當第一次世界大戰時，張競生與中國友人決定去倫敦暫居時，他給這情人一些錢，就與她決絕了。

在倫敦期間，他認識了房東太太的女兒，他和她在白天上演那「好事」，因為晚上她得伴母親一同睡。「我說她是不敢表示那些浪漫的行為，而使我不曾激起熱烈興奮的情慾的。例如我們住居，離那一廣大的野花園本是極近，夜間，我們兩人常到此間散步消遣。我常逗引她如那些野鴛鴦一對一對的在暗僻的草地上做那事。可是她終久拒絕，只許我在房內，避開母親的耳目，與我偷偷摸摸。在我先前已經享受過野外性交的興趣了，故我對這些床第之交是不感得起勁的。況且我們在她母親監督之下，只有隨便做去，不敢盡情發洩，這樣『君子式』──『紳士式』般的相與，也使我的情慾不大起勁。故在這幾個月的周旋，我總覺得這樣古典的性行為，不能滿足我那少年時浪漫派的性格。」

其後，在法國里昂，張競生與一位瑞士少女相戀，卻因為老闆娘監視極嚴，而無從下手。所幸他與一位女教師搭上了線，在聖誕前夕進入「實證」階段。有趣的是，那位女教師看見床頭耶穌受難像，如遭電擊，立即起身穿上內衣，表情嚴肅、悲哀地說：「耶穌既然為人類而死，我輩在這個死難節日，怎能謀求肉體的快樂呢？」於是，兩人的慾念雲收雨霽，相擁而眠而不及於亂，他們之間橫隔一位耶穌，以後也一直是精神戀愛。

回到巴黎，張競生在近郊的聖格魯林區遇到一位避難的女詩人，二十餘歲年紀，生得嬌小玲瓏，從外形、氣質到談吐，都是張競生喜歡的類型。這女子的品德也是上等，張競生問她：「你是為錢財而愛我吧？」她簡直如同受了侮辱，面露鄙夷之色，連一杯定情的咖啡也不肯喝。他們在林區中享受到人生無上的快樂。這位金髮女子所寫的定情詩，才思斐然，通過張競生的翻譯，詩味猶醇，詩云：「雲霞頭上飛，思歸不必悲。偶逢有情郎，我心極歡慰！東方遊子不忍歸，西方嬌女正追隨。你癡情，我意軟稚草同野卉！洞房花燭日，驕陽放出萬丈光輝。緊緊相擁抱，好把心靈與肉體共完美！好好記起我潔白清靜的身份，任君上下左右週身一口吞！」這位女子有一宗好處，是張競生從別的女子那兒不曾得著的，那就是她不僅吐氣如蘭，渾身也是香馥馥的，張競生甚至都認為她是香妃再世。他們效仿猿猴在樹上尋歡，效仿比目魚在海中做愛，「在這樣香甜的性交中，我與她已到盡力去馳騁；她也如受電擊一樣的顫動」至此，張競生已是「願做鴛鴦不羨仙」。然而，好景不常，盛會難再。這位法國「香妃」接到未婚夫的來信，他在戰場上受傷，將去南方療養，她與母親將要前往

陪伴照顧。兩人不得不執手相看淚眼，張競生譯出蘇曼殊的四句詩：
「誰憐一闋斷腸詞，搖落秋懷只自知！況是異鄉兼日暮，疏鐘紅葉墜
相思」，給她聽。如此收場，張競生感到「終究是倩影渺渺，余懷
茫茫！」。

　　自從和法國「香妃」別後，張競生孤單無可聊賴數月之久。有
一回，他到巴黎北站送客，遇到一位明眸善睞、爽朗嬌健的女子，堪
稱西方的史湘雲。她崇拜盧梭，信奉浪漫派的人生哲學，這與張競
生一拍即合。尤其難得的是，她醉心於考究東方人的情操。在此之
前，她對日本人、印度人、南洋的華僑都失望了，現在碰到張競生，
偏偏這位「支那人」為東方世界爭了光，贏得西方史湘雲的愛情和賞
識。《紅樓夢》中的史湘雲憨直爽快，缺乏工巧的心計，待人以誠而
近於傻。「西方的史湘雲」除了具備這些優點和缺點外，還有一門獨
家絕活，即懂得極精湛的房中術，做愛時喜歡立於主動的地位。作為
最大也是唯一的受益者，張競生飽享人間極樂。她講述自己的性愛經
歷，十六歲時曾遭到一位軍官的暴雨摧花，自從那以後，她向一位老
婦學習房中術，便是要找回女性的尊嚴和快樂，而只有像女教官一樣
完全立於主動地位，她才能達此目的。他們去法國、瑞士交界處的古
堡旅行，在悲情中做愛，張競生因此領略到浪漫派的真諦，那就是：
「悲哀的情感比較歡樂的（情感）更為高尚、純潔、誠實、真摯與飽
滿。」在山峰上、在叢林中、在湖畔、在月下，「西方的史湘雲」扮
演數個角色，使張競生愛戀一人，恍如愛戀多人。他寫道：「故在俗
眼看來，一切性交都是猥褻的，但由於她藝術家安排起來，反覺得是
一種藝術化的表演。」一位浪漫的中國男子遇到一位浪漫的法國女

子，他只有甘拜下風。當對方提出三個月期滿就各奔東西、永不相見，張競生簡直覺得一顆心彷彿從天堂掉到了煉獄，所有的「為什麼」都沒有答案。後來「西方的史湘雲」出版了一本《三個月的情侶》，她在書中說，她怎樣有計畫地與張競生只有三個月的盡情快樂，她故意地，也是本性地，偏向於悲傷主義，因此斷不能有再見的機會。而在張競生的感覺是：「多情自古傷離別，更那堪，冷落清秋節！今宵酒醒何處？楊柳岸、曉風殘月。此去經年，應是良辰好景虛設。便縱有千種風情，更與何人說？」。

　　一九二○年張競生自法歸來，先是受聘為廣東省立金山中學校長，張競生任金山中學校長不到一年，就去職。一九二一年十月，他接到北京大學校長蔡元培的聘書，邀請他為北京大學哲學系教授。

　　在北大期間，張競生認識了褚問鵑（當時名叫褚松雪）。褚問鵑是浙江嘉興人，一九○○年生，九歲入嘉興宏文館前的「公立女校」，十二歲畢業；繼入蘇州「蘇蘇女校」，十六歲畢業，畢業後經小學同學朱維亞介紹到浙江永康女校教書。一年後又改入太倉的毓婺女校教書，後來又到山西雲岡女校當教員，不久再到山西陽高主持縣立女校的校政，因不向封建勢力低頭，曾自作主張把廟宇中的菩薩諸神「請」走擴充學堂，激起當地士紳的譁然。據褚問鵑晚年的回憶錄《花落春猶在》書中說；「我已被鬧出了名氣，不僅陽高的新派人支持我，大同、天津、北京，甚至遠在上海，也有人來信給我鼓勵，聲言願為後盾。」而張競生也給她寫信說：「你打倒了有形的偶像，你比我更勇敢！我正在和許多無形的偶像宣戰。我們既是打偶像的同志，應該作個朋友。」

後來據褚問鵑說是張競生（案：在書中則改稱黃適）不斷地來信，甚至說：「北大雖暫時不招收女生，但最近成立研究所。國學門的主持人和我很熟，可以介紹。希望你寫一篇論文寄來，以便推薦。」那年暑假，褚問鵑到了北京，張競生約好在車站接她。第三天張競生帶著褚問鵑去見胡適，「胡適之那時，正在提倡整理國故，並對古書做翻案文章。他看到我寫得那篇以『烽火』代『燈火』的讀書心得，曾大為讚賞說：『對國故自應該用科學方法整理，用懷疑的眼光去發掘問題，指出錯誤，才是正當的做法。』他一個人講了許多。末了，他希望我多寫些翻案文章，一矯古人盲從的陋習。」自此張競生成了褚問鵑生活上的導師，褚問鵑漸漸地對張競生敬重起來，但她也表示不願和張競生多接近，以免引起別人的議論。入學三個月後，張競生向她求婚，褚問鵑回答說：「我無才無貌，條件不夠。況且我正在求學時代，不想談這個問題。」以後每隔十天半月，張競生總要來一次求婚的嘗試，但照例被回絕了。直到當年山西的小小軍閥鄭鬍子要追蹤到北京來「逼婚」，她聽從張競生對她的建議：「你總該知道，古代專制皇帝選秀女的時候，許多有女兒的人家，都連夜把女兒送去與人完婚。貴為天子，也不能佔人有夫之婦，何況一個小小的軍閥？你只有馬上和我結了婚，纔能使他絕望。此外我也沒有其他的退兵之計了。」「婚禮在長老會禮拜堂舉行。日子急，遠方親友不及趕來。我方只來了方寄娘母女、趙佩雲全家。男方來賓，除胡適外，我都不大認識。」

婚後他們住在什剎海北河沿二十號的一座四合院，褚問鵑表示張競生對她很體貼。「我的婚姻雖不是由於愛情而是迫於環境，但在結

婚以後，我也勉力謹修婦職，不使對方失望。總算做到『相敬如賓，琴瑟靜好』這八個字。暑假前，我修畢了研究所的學業，得到了證書。我向丈夫道謝，他也謙遜不遑。一年後，我生了一個男孩子，取名真兒。（案：即後來在台灣的黃嘉）」

褚問鵑又說：「然而好景不常，北大一直欠薪不發。我的丈夫為了兒子將來的教育費起見，他決計離開北京，想到南方去打出一條生路來。不過我的意思，總以為我已有研究所畢業的資格，可以出去做事，賺錢來貼補家用的，勸他不要脫離北大。但是他說：『你去做事，孩子在老媽子手中一定帶不好，經濟是我做丈夫的責任，你不要杞憂就是。』這時候，有一北大旁聽生名叫金乂成（案：金滿城）的，常來向黃教授借錢。黃教授憐他淪落，也常常賙濟他。我一見此人，就直覺地感到這個金乂成絕非善類，……便私下勸我丈夫，不要和這姓金的太接近，恐有後患。但他笑道：『這真所謂婦人之見了。一個無家可歸的年輕人，又何必對他苛求呢？』暑假以後，黃適就帶了金乂成一同南下，在上海開了一家藝風書店（案：是「美的書店」，褚問鵑為了不讓人們一下認出張競生，故混淆視聽），做起出版商來了。」

後來張競生將褚問鵑母子從北京接到上海同住，他們住在辣斐德路興業里十九號。褚問鵑說每天中午十二點一敲，張競生就會回家吃午飯。可是這一天，十二點半了，不但他人沒有回來，連個電話也沒有。褚問鵑哄孩子睡著後，馬上去弄堂口借打電話，是張競生接的，他的聲音沙啞，很緊張地說：「店裡出了事，我要遲一點纔能夠回來，你不要等我吃飯。」直到下午四點，他回來了。頭髮蓬亂，神情沮喪，頹然坐倒在椅子裡，說：「金乂成捲逃，所有現款完全被他提

走，卻留了一身的債務給我，我完蛋了！」他說著把頭埋在兩隻手掌裡，痛苦地喃喃道：「後悔沒有聽你的話，如今養虎傷身，除開怨恨自己外，還有什麼可說呢？」。

到上海之後，張競生與褚問鵑兩人之間的感情發生裂痕，中間雖曾一度重修舊好，但最終褚問鵑離開張競生出走了。於是張競生在《新文化》月刊第二期上刊登了他們離婚的廣告，其中說他們離婚的原因是：「（褚問鵑）受一二CP所包圍與其CP化的情人所引誘，遂也不知不覺從而CP化耳。」張競生又在《新文化》月刊上發表了題為〈恨〉之文，斥褚離他出走。然而褚問鵑的友人則在《語絲》124期上發表文章反駁張競生，說是因為「張競生熱衷於跟國家主義派與西山會議派的政客周旋」，才引起褚問鵑的不滿而造成感情破裂的。

這下子可好，你張競生不是倡導「愛情定則」之一是可以遷變的嗎？當時反對派早就笑道：當心你的老婆吧！果然張氏打開的是「潘朵拉魔盒」，活生生吃了一個「請君入甕」的啞巴虧，卻正合於張氏所說一旦「條件」遷變，「比較」與「遷變」告成，「愛情」就發生變化。張氏雖說於褚氏有恩：助其讀書，提攜學問，這時卻離鸞別鳳，勞雁分飛了。張氏談「定則」，種瓜得瓜，自食其果，成了人家「如何如何」的談資，使他好不惱火，於是不免將身上殘存的男子霸權主義，全盤洩漏，他發表文章「將她屢次對我的假偽欺騙盡情托出，大大罵她一頓」（《十年情場》），這與郁達夫發表《毀家詩紀》一樣魯莽，其實效卻是在男權中心下，對恩怨女子的刀筆吏攻伐。

對於張競生斥罵褚問鵑的〈恨〉一文，則有周作人大加攻擊。周作人指出「我們看了這節橫暴的話，會不會想到這是張競生先生對

他三年前戀愛結婚的那位夫人說的？愛之欲其生，惡之欲其死：這正是舊日男子的常態。我們只見其中滿是舊禮教，不見一絲兒的《新文化》。」張競生認為周文完全是「惡罵」，難以容忍，就與周作人大打起筆墨官司，後來發展到意氣用事，張競生甚至攻擊周作人個人的私德，說他娶日本老婆，為「諂媚倭奴」起見，他在北京住家門前不升中國旗而升日本旗云云──而事實上周作人出任偽職還是好些年之後的事。張競生後來在《十年情場》表示：「我往後極知自己那時的錯誤，可說是為情感燃燒到失卻全部理性的。」至於周作人，與張交惡之後，也就在文集重版時將原先那篇稱讚張競生極有天才的文章抽去了。

張競生晚年回憶說，當年褚女士無緣無故，棄孩離他而出走，使他受到極大的刺激，於是才導致他寫文章大罵她一頓。事後回想覺得該文章實在太過於惡毒，絲毫無留一點寬恕的餘地。而這件事對褚問鵑而言，可說造成極大的傷害，因此到了晚年執筆寫回憶錄時，不僅絕口不提張競生的名字（改以「黃適」代之）；還把黃適寫成因車禍身亡，最後由她獨立撫孤。其心痛可想而知。

抗日戰爭時期，張競生經人介紹，結識了中山大學的女學生黃冠南，黃冠南是個大家閨秀，知書達理。兩人一見鍾情，結為伉儷，以後便雙雙回到廣東饒平縣張競生的老家，過著鄉間生活。根據傳記作家楊群及司馬安的資料，在廣東解放後，張競生被急召到廣州參加社會主義學院的改造學習。他甚至來不及跟黃冠南告別，只留下字條，說他很快就會回來接他們母子出去團聚。黃冠南默默地挑起了養家糊口的擔子。開始的時候，他們還有頻繁的書信往來，張競生也會時常

寄回點錢來補貼家用。可是一年以後，卻突然地斷了音訊，快半年了竟然連一個字也不見，這不能不使她憂心如焚。其實，張競生在南方大學學習的日子裏，最忙的只有兩件事：一是給黃冠南寫信，一是鍛鍊身體。他的生活很有規律，除了學習之外，就是散步或勞動。每過一個星期便給妻子寫一封信。可是這近半年，妻子總來信責怪自己，說為什麼那麼絕情，連信都不寫了，這是為什麼？張競生哪知道，他寫給黃冠南的信，每封都準確地寄到了饒平，之所以未能送到黃冠南的手中，是被當時鄉村的「紅色政權」農會截留了。張競生不屬地主惡霸，也非土豪劣紳，更納不進反革命之列，但截留信件的人目的是明確的。在他們看來，只要能把一個人劃到階級敵人的隊伍裏，社會就多一份安寧，像張競生這樣一位在舊中國頗有爭議的人物，屬不屬於階級敵人呢？他們認為是肯定的，但沒有證據。於是，便幻想著能從私人信件中找到點蛛絲馬跡。信被農會截留了，黃冠南根本無法猜測到他的近況，加上截留信件的這些人不知出於何意，不但截留了張競生寄來的信及生活費，而且不斷編造出「張競生在廣州被人民政府鎮壓了……」之類的消息。從小嬌生慣養的黃冠南再也經受不起這些沉重的打擊，她在孩子的床邊枯坐到雞鳴，然後木然地走向廚房，插好門，套好繩索，她自殺了。這時幾個未成年的孩子，最大的十三歲，最小的才兩歲！

　　黃冠南去世一年多後，在廣州的張競生才從友人處得知這個悲慘的消息。初時他完全不相信，因為幾天前他還收到妻子的親筆信。事後他才明白，這些信都是兒子張超模做母親的筆跡寫給他的。在南方大學畢業後，張競生被分配到農業廳工作。除了工作學習，便是買

菜、煮飯、照料未成人的孩子。有人風趣地說：「哲學博士」成了「家庭博士」。他聽了總是悽然一笑。從此以後，張競生一直一個人過著孤獨的生活。可是這位在二三〇年代名震大半個中國、新中國成立以後也被國家按高知優待的學者，終歸未能逃脫「文革」的噩運。他被關進了一間黑暗的小屋，沒有窗戶，終日不見陽光。冬天冷得像冰窟，夏天熱得像蒸籠，吃的比豬食還差。但更使張競生難以忍受的還不是生活上的艱難，而是難以煎熬的寂寞：面壁而坐，不許外出，不許同他人講話，還要時不時受到造反派的詰問和批鬥。

　　一九七〇年三月到六月，張競生在饒平榜溪區廠埔村的草屋裏度過了生命的最後四個月。他每天哆哆嗦嗦地從枕頭下翻來放去一本筆記，這是他在生命的最後日子裏寫下的著作《哲學系統》，也是他一生中僅有的一本有關馬克思主義哲學的書。一九七〇年六月十八日早晨，太陽已升起很高，周圍淳樸的農民兄弟見這個小草屋還沒有動靜。打開門，不禁倒抽了一口氣：八十二歲高齡的張競生斜靠在床屏上，半坐半臥，手裏還捧著那本沒有寫完的筆記。他的身體已經冰冷了。他被幾位生前不曾相識的人悄悄地埋了，下葬時沒有一個親人在場。曾經是聚訟紛紜的風雲人物，在此時悄悄地走完了他的一生！

被周作人逐出師門的沈啟无

一九三九年元旦，在北京八道灣十一號的周宅，發生槍響。據周作人的回憶：「那天下午大約九點鐘，燕大的舊學生沈啟无來賀年，我剛在西屋客室中同他談話，工役徐田來說有天津中日學院的李姓求見，我一向對於來訪的無不接見，所以便叫請進來。只見一個人進來，沒有看清他的面貌，只說一聲『你是周先生麼？』便是一手槍。我覺得左腹有點疼痛，卻並不跌倒。那時客人站了起來說道，『我是客』，這人卻不理他，對他也是一槍，客人應聲仆地。那人從容出門，我也趕緊從北門退歸內室。沈啟无已經起立，也跟了進來。這時候，聽見外面槍聲三四響，如放鞭炮相似。原來徐田以前當過偵緝隊的差使，懂得一點方法，在門背後等那人出來，跟在後面，一把把他攔腰抱住，捏槍的手兜在衣袋裡，一面叫人來幫他拿下那凶人的武器。其實因為是陽曆新年，門房裡的人很多，有近地的車夫也來閒談。大家

49

正在忙亂不知所措，不料刺客有一個助手，看他好久不出來，知道事情不妙，便進來協助，開槍數響，那人遂得脫逃，而幫忙的車夫卻有數人受傷，張三傷重即死，小方肩背為槍彈平面所穿過。」這一槍雖打中周作人，但彷彿命不該絕，子彈為毛衣銅扣所阻，並未傷身；而沈啟无彈中左肩，子彈無法取出，在醫院療養一個半月方才出院。

這次刺殺事件，主謀者眾說紛紜，學者多人認為是「抗日鋤奸團」所為，其動機原本是要阻止周作人下水的，但周作人卻誤認為是日寇所為，反而在賣國求榮的道路上急速滑坡，終於在一九四〇年十二月就任了偽華北教育總署督辦，當了漢奸，從此「走向深淵」，再也無法回頭。這不禁使人想起白居易那著名的詩句：「周公恐懼流言日，王莽謙恭下士時；假使當年身便死，一生真偽有誰知」！周作人若真死於元旦的那一聲槍響，他的一生只有「功成名就」，而不會有「壽則多辱」之嘆了，但畢竟歷史是無法假設的。

周作人

説到沈啟无，據學者黃開發的〈沈啟无──人和事〉一文的考證，得知沈啟无，祖籍浙江吳興，一九〇二年二月二十日生於江蘇淮陰的一個地主家庭。原名沈錫，字伯龍。上大學時改名沈揚，字啟无。小時在私塾念書，十三歲進縣立高等小學，十七歲考進江蘇省立第八中學。一九一九年在中學快畢業的下半年，因反對葉秀峰（國民黨省黨部秘書長）的父親去做校長，被教育廳開除。一九二三年考入南京金陵大學，讀了兩年預科。一九二五年轉學北京燕京大學，讀的是中文系。那時他非常崇拜周作人。也就是在這一年，他認識了周作人。一九二八年燕大畢業後，沈啟无到天津南開中學教國文。一年後又調回燕大中文系，在中文系專修科教書，並在北京女師大中文系兼任講師。一九三〇年至一九三二年，任天津河北省立女子師範學院中文系教授，兼系主任。

三〇年代，沈啟无與周作人過從甚密。他與俞平伯、廢名（馮文炳）和江紹原並稱為周作人的四大弟子。在

沈啟无

俞平伯

近代散文抄

一九三三年版的《周作人書信》中收入周作人給他的書信二十五封，數量之多，僅次於給俞平伯的。另外沈啟无為人所熟知的，還有編選了一本非常有名的晚明小品選本《近代散文抄》，周作人為該書寫了兩篇的序言。選本共分上、下兩冊，分別於一九三二年的九月和十二月由北平人文書店出版。這本書大致以公安、竟陵兩派為中心，收錄十七個人的一百七十二篇作品。從〈後記〉中我們得知，所收作家上起公安三袁，下迄張岱、金聖歎、李漁。在沈啟无看來，公安三袁是晚明小品的始作俑者，而張岱是能夠兼公安、竟陵二派之長的集大成者，金聖歎、李漁是晚明小品的「末流」。書後附有各家的傳記材料和採輯的書目。書名原叫《冰雪小品》，曾交給一個書店，結果被退回。後得到周作人的鼓勵，沈啟无於是重理舊編，交北平人文書店出版。

周作人當時在課堂講授各時代的「散文」，須得有一「選本」。沈啟无編選明清小品文成冊，正合其意。因

此他稱道「啟无的這個工作是很有意思的，但難得受人家的理解和報酬。」又說：「啟无這部書並非議論，只是勤勞的輯尋明末清初的新文學派的文章，結果是具體的將公安、竟陵兩派的成績——即其作品和文學意見結集在一處，對於那些講中國文學的朋友供給一種材料，於事不無小補」；又「實為德便」，即「在近來兩三年內啟无利用北平各圖書館和私家所藏明人文集，精密選擇，錄成兩卷，各加菁華悉萃於此，有一部分通行於世，寒俊亦得有共賞的機會，其功德豈淺鮮哉」。

學者黃開發指出，《近代散文抄》是以周作人的手眼來編選明清之際小品的。其編選過程肯定也有周作人或多或少的參與。周作人在其一九三二年三月二十四日致沈氏的信中，曾提到借給他祁彪佳的《寓山注》。沈啟无在文章中每每提及自己在讀書作文方面所受周作人的影響，也經常引用周作人的話。顯然，《近代散文抄》編選意圖並不僅僅是提供一個晚明小品的普通的讀本，而是要來張揚一種文學觀念，並且具有強烈的論戰性。俞平伯就曾明確地把《近代散文抄》看作是支持周作人文藝理論的作品選。這樣，有理論，有材料（作品選），師徒幾個披掛上陣，回擊左翼文學，又有林語堂等人的理論和作品以為策應，於是形成了一個聲勢浩大的晚明小品熱和言志派文學思潮。

黃開發認為《近代散文抄》所收作品的內容主要有以下幾個方面：其一是表明言志的文學觀。晚明作家強調時代的變化，反對空洞的模擬；極力主張言志的性靈文學。人們通常把分別出自於袁宏道〈小修詩敘〉、〈雪濤閣集序〉中的「獨抒性靈，不拘格套」和「信

腕信口」，皆成律度」作為公安派的口號。其二，《近代散文抄》所收文章最多的是遊記，共六十四篇，占全書篇幅四分之一強。這一派作家努力擺脫世網，走向自然，怡情丘壑，視山水為知音。其三，表現對世俗生活的關注，喜談生活的藝術。品茶飲酒，聽雨賞花，是他們樂此不疲的題材。《近代散文抄》大抵能選出晚明小品家最有特色的文體的文章，同一文體中，又能選出其代表作。所以，從中可以見出長期為人所詬病的晚明小品的總體特色和在文學史上的貢獻。

　　一九三二年至三六年間，沈啟无任北平大學女子文理學院文史系教授，同時兼任北京大學、燕京大學中文系講師。北平人文書店於一九三三年十二月印行他編校的《人間詞及人間詞話》一冊。一九三七年七月，北平淪陷。最初女子文理學院還每月發兩三成薪水，後來文史系主任李季谷私下攜款溜走，拋下諸多教師不管。沈啟无只得在貝滿女中代課，以維持生活。當時周作人堅決不走，並勸沈也不要離開北平。一九三八年，偽北京女子師範學院成立，院長是黎子鶴，後換為張凱，中文系主任是王廈材。沈啟无任中文系教授，講授「中國文學史」和大一國文。中文系教授還有張海若，壽石工，姜忠奎等。

　　一九三九年秋，偽北大文學院成立，周作人任院長，沈啟无當中文系主任。當時中文系教授有陳介白、趙蔭棠、張弓、朱肇洛、鄭騫，專任講師有許世瑛、韓文佑、沈國華、齊佩瑢、華粹深、朱英誕、傅惜華等，助教是李景慈。從一九三九年到一九四三年，他在中文系講授的課程有「古今詩選」、「大學國文」、「中國近百年文藝思潮」、「小說史」、「六朝文」。其中《大學國文》後由新民印書

館於一九四二年出版，選文包括風土民俗、筆記小説、記遊、日記、書信尺牘、序跋題記、傳記墓誌、紀念、讀書札記、楚辭小賦等十組四十三篇文章，其中沒有一篇「古文」一派的文章，正反映出周作人一派論文的一貫標準。

沈啟无是北平淪陷區文壇的活躍分子。一九四二年九月，偽華北作家協會成立，他任該協會評議員。後又擔任「中國文化團體聯合會」籌委。一九四三年六月，「中國文化建設協會」在北京成立，沈啟无任主任理事。一九四四年九月，「華北作家協會」改選，他任執行委員。

一九四二年十一月三日，應日本「文學報國會」邀請，周作人派他赴日參加在東京舉行的第一屆大東亞文學者代表大會。據學者張泉《淪陷時期北京文學八年》指出，參加的代表來自蒙古（三名）、滿洲（七名）、中國淪陷區和日本（包括台灣、朝鮮等日本占領區）。日本方面原本期望周作人、俞平伯、張資平、陶晶孫、葉靈鳳、高明等名人能夠參加，但實際與會的都是一些不太知名的人物：如華東的丁丁（丁雨林）、周毓英、龔持平、柳雨生（柳存仁）、周化人、潘序祖（予且）、許錫慶，以及日本顧問草野心平，華北的錢稻孫、沈啟无、尤炳圻、張我軍和日本華北駐屯軍宣傳顧問片岡鐵兵，滿洲國的古丁、爵青、小松、吳瑛，台灣的龔瑛宗、張文環等。

回北京後，沈啟无應新民印書館編輯長佐藤源三之約，主編不定期雜誌《文學集刊》。

一九四三年八月，應日本「文學報國會」約請，沈啟无參加二十五日在東京召開的第二次大東亞文學者代表大會。參加者除古

丁、柳雨生、沈啟无、張我軍外，還有柳龍光、陶晶孫、章克標、關露、田兵、吳郎、周越然、邱韻鐸、魯風、陳寥士、陳學稼、謝希平、陳綿、徐白林、王承琰、包崇新、方紀生、蔣崇義及台灣代表楊雲萍、周金波等人。代表團長由沈啟无和柳龍光擔任。會中日本作家，也是「文學報國會」的成員——片岡鐵兵，提出一項名為〈要求中國文學之確立〉的提案，他危言聳聽地聲稱「有一特殊之文學敵人之存在，不得不有對之展開鬥爭之提議」，於是他指出此敵人「即目前正在和平地區內蠢動之反動的文壇老作家，而此敵人雖在和平地區之內，尚與諸君思想的熱情的文學活動相對立，而以有力的文學家資格站立於中國文壇。關於此人的姓名，余尚不願明言，總之彼常以極度消極的反動思想之表現與動作，對於諸君及吾人之思想表示敵對。」片岡鐵兵的矛頭顯然是指向周作人，並指責「彼為在全東亞非破壞不可之妥協的偶像，彼不過為古的中國的超越的事大主義與在第一次文學革命所獲得的西洋文學的精神之間的怪奇的混血兒而已。」

　　片岡鐵兵的發言刊載在日文版《文學救國》第三期上，周作人最初沒有看到雜誌，自然也不知情。直到年底，周作人看到《中華日報》上胡蘭成的〈周作人與路易士〉一文，開頭就說：「聽朋友說起，片岡鐵兵新近在一個什麼會議上提，對於中國某老作家，有甚高地位，而只玩玩無聊小品，不與時代合拍，應予以打擊云。據說指的是周作人。」被胡蘭成一點明，周作人這才借來雜誌，讀完文章，他首先敏感到在片岡鐵兵背後，似乎有人在搬弄是非，否則並不認識漢字的片岡鐵兵何以知道他的文章呢？還有，片岡鐵兵發言中說他「嗤笑青年的理想」，又是什麼意思呢？

一九四四年二月，北平出了一種小小的周刊《文筆》（關永吉編），其第一篇，題為〈雜誌新編〉，作者署名「童陀」，文中攻擊「中國老作家」，口氣與日本作家林房雄及片岡鐵兵如出一轍。如說「辦雜誌抓一兩個老作家，便吃著不盡了。」「把應給青年作家的稿費給老作家送去，豈不大妙？」等等。其中還特別點到《藝文雜誌》的老作家，而在該刊上寫文章而又稱得上「老作家」的，只有周作人和錢稻孫，而其中內容又排除了錢稻孫，那就非周作人莫屬了。而這個作者「童陀」，周作人一望便知：就是沈啟无。

沈啟无和周作人的關係原是密切的，即便周作人落水後，沈啟无也鞍前馬後，為周作人謀官，出了不少力。甚至後來周作人罷了官，他還四出活動，為周作人當上「偽國府委員」及「偽華北政委會委員」立下汗馬功勞。他原指望周作人上台後，能夠提拔他當上教育總署的秘書長，或者北大文學院院長。然而周作人因礙於種種人事糾葛，僅任命其為北大文學院國文系主任兼北大圖書館館長，這讓他心生不滿。一九四三年春日本作家林房雄作為「文化使節」來北京訪問，可能出於認為他也是「轉向」的作家，中國文學界對他似乎不大熱情，按周作人的話是：「在北方的往日本留過學或是知道日本文學情形的中國人對於某甲（案：指林房雄）都不大看得起，因此即使沒有明白表示輕視，也總不能予以歡迎」，而只有沈啟无一反其他人，「竭誠地招待他」，在北京中山公園召開文學茶話會，由林房雄與河上徹太郎講文學創作論，林房雄在演講中開始攻擊「中國的老作家」。一九四三年三月，沈啟无在林房雄的支持下，想一人主編《藝文雜誌》與《文學集刊》兩個刊物，為此與他人發生衝突，他向周作

人求援，周作人沒有支持他，大概當面對於這位不安於位的弟子也有所批評。我們看到夜裡，周作人還在日記中憤憤地寫道：「啟无來，至十一時才去，曉曉論刊物事。……虛浮之事無益徒有損，慘言之亦不能了解也。」沈啟无從此對周作人懷恨在心。

　　周作人把這些蛛絲馬跡串連起來之後，似乎恍然大悟，於是他「老吏斷獄」地認定是沈啟无在幕後興風作浪。他推斷片岡鐵兵的發言得之於林房雄，而林房雄又得之於沈啟无。他說：「在片岡破口大罵的時候，有這老作家的弟子正在洗耳恭聽，不但此也，似乎供給罵的資料的也就是我的弟子」。於是，周作人在一九四四年三月二十三日的《中華日報》報上發表了〈破門聲明〉說：「沈揚即沈啟无，係鄙人舊日授業弟子，相從有年。近年言動不遜，肆行攻擊，應即聲明破門，斷絕一切公私關係。詳細事情如有必要再行發表。」所謂「破門」是日本人的用語，也就是「逐出師門」。

　　逾四日，周作人又上書日本「文學報國會」的久米正雄局長，要求明示所謂「反動的老作家」「是否即是鄙人」，且要片岡鐵兵「以男子漢的態度率直的答覆為要」，若是，「則鄙人自當潔身引退，不再參加中國之文學協會等，對於貴會之交際亦當表示謹慎」；並指陳沈啟无，說：「沈啟无為鄙人之弟子，非普通之所謂學生，繼承鄙人貧弱的學問一部分，至今未能一步出此範圍，在此十餘年間又在鄙人指導之下擔任職務，乃近一年來行動漸見不遜，遂至以文字見攻擊，對於恩師反噬之徒不能予以容忍，因即宣告破門矣」。

　　聲明之後，周作人又在同年四月十日的《中華日報》發表〈關於老作家〉一文，文中周作人毫不客氣地斷定：別的學生在畢業以後

再有來信，「或為朋友關係，不能再説是師徒了。沈揚則可以算是例外。他所弄的中國文學一直沒有出於我的國文之外，……還在用了師傅的守法與傢伙做那些粗活，當然只好承認為老木工的徒弟。依照日本學界的慣例，不假作謙虛的説一句話，我乃是沈揚的恩師。總之這回我遇見沈揚對於恩師如此舉動，不免有點少見多怪，但事實已如此，沒有什麼辦法，只好不敢再認為門徒吧了。我自己自然不能沒有錯處，第一是知人不明，第二不該是老作家，雖我只可承認老，並不曾承認自己是所謂作家。」這一番話，擺出「恩師」的威勢，給叛變的「小徒」施以千金重壓，使其毫無申辯的餘地。三天之後，周作人又在該報發表〈文壇之分化〉一文，一方面再次點了沈啟无的名，並歷述了與沈啟无交惡的經過，指其：「這一回因為想要領導文學運動，主宰文學刊物，似乎不大成功，以為這因為鄙人的障礙，便二次三番地勞動外國人演説攻擊。末了自己出手來打……覺得徒弟要吃師父，世界各國無此規定，我也未便再行作揖，只好聲明破門完事。自此以後完全斷絕關係，凡有沈揚參與的團體或事業及刊物，鄙人一律敬謝不敏。」其中他還筆鋒一轉地説：「平時我最模糊，不喜歡多事，這回卻覺得不能再不計較，雖然這事聽了使人寒心，以教書為業的尤感到不安」，又顯出忠厚長者迫不得已的苦衷，不僅博得了讀者的同情，沈啟无也無再置一辭的可能。學者錢理群説，周作人在此使出「紹興師爺」的老辣筆法，區區沈啟无那有招架之力。雖然後來沈啟无在四月二十一日南京的《民國日報》上發表〈另一封信〉，聲明片岡鐵兵的演説與己無關，他表示：「我發現事實不符，絕非有意歪曲，周先生自己既未參加大會，唯憑傳聞，有些事情自然難以辨別清

楚，一時又為流言所入，生出誤會，也是免不了的。但事實終歸是事實，不是流言可以轉變的，也不是筆刀可以抹殺的，所謂事實勝於雄辯也。同理，經驗也必須根據多方面的事實才靠得住，自以為是的主觀經驗，有時是非常危險的，可不慎歟。」周作人馬上在五月二日《中華日報》上發表〈一封信的後文〉，認定：「沈某攻擊鄙人最確實的證據為其所寫文章，假如無人能證明該文作者童陀並非沈某，則雖有林房雄片岡鐵兵等人為之後援，代為聲辯，此案總無可翻也。」沈遂無言。

學者黃開發認為，儘管始終缺乏確鑿的證據，周作人的推斷是有道理的，日本「文學報國會」小說部參事林房雄的一篇文章可以作為佐證。一九四三年十一月《中國公論》第十卷第二期發表辛嘉譯林房雄的文章〈新中國文學的動向──與沈啟无君的談話〉，譯者在附記中介紹，此文原載於八月二十四、二十五、二十六，三日間的《每日新聞》。時間正值第二次大東亞文學者代表大會召開之際。林房雄所記是他與沈啟无的一場談話。作者對沈啟无加以描寫和讚美，大談與沈的「信賴和友情」。並且說道：「北京成立了『藝文社』（周作人氏主持），發行《藝文雜誌》和《文學集刊》，《藝文雜誌》為文化綜合雜誌，它不能成為新中國文學運動的主體。沈君的信念是有良心和熱情的文學者結為同志，向青年知識階級中深深培植根基而前進時，第二次中國文學革命方有可能。」不難看出，在周、沈之間，他是有褒貶的。他還對《藝文雜誌》已出二期，《文學集刊》遲遲未能出版抱不平，有意識把二者對立起來。正是在他的直接干預下，《文學集刊》才得以面世。他們還談了南北文學者統一的問題。沈啟无的

談話中頗多對日方的諂媚之詞。在這樣的情況下，沈啟无是很有檢舉周作人的可能的。

　　儘管如此，沈啟无仍覺得憤憤難平，於是另在《中國文學》第五號上發表針對周作人的詩〈你也須要安靜〉，詩云：

　　　　你的話已經說完了嗎
　　　　你的枯燥的嘴唇上
　　　　還浮著秋風的嚴冷
　　　　我沒有什麼言語
　　　　如果沈默是最大的寧息
　　　　我願獨抱一天岑寂
　　　　你說我改變了，是的
　　　　我不能做你的夢，正如
　　　　你不能懂得別人的傷痛一樣
　　　　是的，我是改變了
　　　　我不能因為你一個人的重負
　　　　我就封閉我自己所應走的道路
　　　　假如你還能接受我一點贈與
　　　　我希望你深深愛惜這個忠恕
　　　　明天小鳥們會在你頭上唱歌
　　　　今夜一切無聲
　　　　頃刻即是清晨
　　　　我請從此分手

人間須要撫慰
你也須要安靜

　　而周作人對沈啟无也是餘恨未消，後來多在文章中譏刺之，並在〈遇狼的故事〉、〈關於東郭〉等文章中稱其為「中山狼」。即使到了晚年他給鮑耀明的信，稱與俞平伯、廢名二弟子「近雖不常通信，唯交情故如舊。尚有一人則早已絕交了，即沈啟无是也。其人為燕京大學出身，其後因為與日本『文學報國會』勾結，以我不肯與該會合作，攻擊我為反動，乃十足之『中山狼』」。這是後話。

　　而在「破門」之後，周作人沒有經過北大評議會，就勒令文學院對沈啟无立即停職停薪，由於周作人的封鎖，他斷絕了所有生路，連《文學集刊》也只得停刊。從一九四四年的五月到十月，沈啟无靠變賣書物維持生活。之後，胡蘭成約他去南京編《苦竹》雜誌，他認識胡蘭成是因為一九四三年冬，他參加南京偽宣傳部召開的全國作家協會籌備

二十年代周作人

會議而認識的。他在《苦竹》雜誌上
發表過散文〈南來隨筆〉和新詩〈十
月〉。其中〈南來隨筆〉中有段談張愛
玲的文章，沈啟无說：「彷彿天生的一
樹繁花異果，而這些花果，又都是從人
間的溫厚情感洗鍊出來的。她不是六朝
人的空氣，卻有六朝人的華瞻。」又
說：「張愛玲，蘭成說她的文章背景闊
大，才華深厚，要占有一個時代的，也
將在一切時代裡存在。這話我並不以為
是過譽，看她文章的發展，是有著多方
面的，正如蘭成說的，『青春能長在，
自由能長在，才華能長在』。生活對於
她，不是一個故事，而是生命的渲染。
沒有故事，文章也寫得很美。因為有人
生做底子，所以不是空虛的浮華。她不
像西洋厭世派，只寫了感覺，在他們的
手下，詞藻只做成『感覺的盛宴』。而
她，把感覺寫繪成功感情，幾乎沒有一
樣感覺不可以寫出來的，沒有一樣感覺
不是感情的。她走進一切的生命裡去，
一切有情無情在她的作品裡也『各正性
命』，得到一個完全的安靜。所以，她

苦竹雜誌

的文章是溫暖的，有莊嚴的華麗，也有悲哀，但不是慘傷的淒厲，所謂『眾生有情』，對人監視有著廣大的愛悅的。」沈啟无說他是針對張愛玲談音樂、談畫的諸多文章而寫的感想，至於張愛玲的小說《傳奇》他還未極細讀，總體而言沈啟无的批評是有其見地的。

　　一九四五年初，他隨胡蘭成到漢口接辦《大楚報》。胡蘭成做社長，他任副社長，胡蘭成從南京找去一個姓潘的當秘書，後又找關永吉任編輯部長，還有一個日本人福岡做聯絡員。關永吉在《大楚報》上恢復了《文筆》副刊（雙週刊），名義上由沈啟无主編，實際上還是關永吉在負責，沈啟无只是在每期上發表一些詩歌。他在《文筆》上寫的新詩，連同以前的舊作，包括他針對周作人寫的〈你也須要安靜〉，共二十七首，由《大楚報》社印成一冊《思念集》。

　　亂世中兩個成年男人在一起共事，自然可以看出彼此為人處事中遠距離難以觀察到的層面。胡蘭成在回憶錄《今生今世》「漢皋解佩」一章中，有對沈啟無側面的記述：「沈啟无風度凝莊，可是眼睛常從眼鏡邊框外瞟人。他會作詩，原與廢名、俞平伯及還有一個誰，是周作人的四大弟子，北京的學術空氣及住家的舒服溫暖，在他都成了一種沉湎的嗜好。他的人事各既成藝術品，可以擺在桌上供神，但他的血肉之軀在藝術邊外的就是貪婪。他要人供奉他，可是他從來亦不顧別人。」胡蘭成的文字簡約，然而嫌惡之情，溢於言表。不過，他們之間有經濟上的糾葛，胡蘭成又對沈啟无在他的情人小護士周訓德面前說他的壞話一事，耿耿於懷，他說：「第二天我與啟无從報館回來，在漢陽路上走時，我責問他：『你對小周怎麼說話這樣齷齪！』啟无道，『小周都告訴你了麼？』我叱道，『卑鄙！』他見我

盛怒，不敢作聲，只挾著公事皮包走路，仍是那種風度凝莊，我連不忍看他的臉。兩人如此默默的一直走到醫院，我走在前面，他跟在後頭，像拖了一隻在沉沒的船。啟无從此懼怕我，出入只與永吉同行，有幾次我在漢水渡船上望見他們兩人已上岸先走了，像紅樓夢裡的一僧一道，飄然而去。」胡蘭成的記述是難以全拿來當信史看的，況且他本身就是一個無行的文人。在他們的關係中，沈啟无又充當了一個無言者。

一九四五年六月，抗戰勝利前夕，沈啟无回到北平。據〈沈啟无自述〉說：「這年冬天，燕大同學李蔭棠和余協中來找我，余協中比李蔭棠高兩班，他們都是歷史系同學。我以前不認識余協中，他來約我到東北去教書，說要在瀋陽辦中正大學。」其實余協中就是當今史學大師余英時院士的父親，他在燕大畢業後赴美留學，在科爾蓋特（Colgate）大學，獲碩士學位，又到哈佛大學研究。一九二六年余協中學成歸國，在天津南開大學任歷史系系主任，主授西洋史。

一九四六年春，瀋陽中正大學尚未籌備就緒，他先到錦州編杜聿明新六軍《新生報》文藝副刊。同年秋，中正大學成立，校長是張忠紱（未到校），董事長是杜聿明，文學院長是余協中，中文系主任是高亨，沈啟无任中文系教授。這時期高亨在《東北日報》編〈文史〉副刊，沈啟无在創刊號上寫過一篇文章〈新文化運動與新文學〉。一九四七年，瀋陽快解放的前夕，余協中回到北京，中正大學陷於癱瘓，學校替大家買飛機票，紛紛離散。沈啟无也全家回到北京，留在瀋陽的書物，全部遺失。回北京後沈啟无沒有工作，於是又攜家眷到上海。到上海後，一時也無適當工作，又去夫人傅梅的家鄉寧波，

沈啟无與夫人傅梅

沈啟无全家福

一段時間裏，沈啟无客居賦閒，讀書度日。

一九四八年到四九年底，沈啟无任教於寧波的教會學校浙東中學。寧波解放後，他參加軍管會教師訓練班，向有關部門交代自己解放前的經歷。訓練班結束後，軍管會委派他做浙東中學代理校長。

一九五〇年春，他舉家又回到北京。他經人介紹到由廖沫沙領導的業餘教育委員會，被派到石景山鋼鐵廠職工業餘學校做教務主任。一九五一年調到工農教育處編職工語文課本和研究語文教學問題。一九五二年底到北京函授師範學校編函授語文教材。一九五五年函授教材編完，他們需要自己另謀工作。這時北京師範學院正在籌辦，他寫信給廖沫沙請他介紹。同年七月，他到北京師範學院中文系任副教授。

一九五六年，沈啟无加入「九三學社」。一九五七年反右期間，他參加「九三學社」小團體，批評整風運動。一九五八年二月被劃為右派。處理結論

是情節輕微，有悔改表現，按六類處理，免於處分。一九五九年，右派帽子被摘掉。一九七九年初錯劃問題得到改正。

一九六〇年、六一年，他兩次患心臟病。六二年出院，在修養期間，病中讀《魯迅全集》，見第八卷《中國小說史略》未加注解，校勘不當之處很多，遺漏未經訂正的有好幾十處，於是就手邊舊本和筆記，陸續加以整理。一九六二年十一月間，北京師範學院中文系裏讓他搬進校內住，準備次年開課。後來改變計畫，讓他培養兩個青年教師，參加古典組集體備課，校訂青年教師進修書目。在一九六四年古典組舉行觀摩教學期間，他在工作中又患心臟病，住阜外醫院。出院後修養，沒有擔任具體工作。

據六〇年代初與沈啟无在一個教研室工作的漆緒邦和李錦華回憶，沈氏謙虛謹慎，溫文爾雅，頗有學者風度。他主要講宋元明清文學，只是諱談晚明小品。他的課深入淺出，感情充沛，教學效果好。講到《長生殿》中唐明皇和楊貴妃生離死別、纏綿悱惻的愛情故事，把幾個女生都感動哭了。他也因此挨了批，説是思想感情不健康。

「文革」爆發，他被「革命師生」揪出勞動、批鬥。因心力衰竭，經北醫三院證明，不能參加勞動。系「文革」讓他在休息中自己學習檢查，寫了多份彙報材料上交。一九六九年沈啟无心臟病發作，並復發肺炎。十月三十日在復興醫院去世，終年六十七歲。

後記：

雖然在做周作人及張愛玲研究中，無可避免地會閱讀到一些沈啟无的資料，但更完整的材料卻找不到，已有的記述往往語焉不詳，

甚至多有舛誤。學者黃開發先生，透過傳主的家屬，整理出〈沈啟无自述〉，其中包括了沈氏個人、與周作人的關係和敵偽時期淪陷區文學活動的第一手材料。讓原本音訊杳然的沈啟无，得以追蹤到他的身影，因為他在「周作人研究」中，畢竟還是一個不能繞開的角色。

五十年來千斛淚

——顧頡剛的感情世界

最近《顧頡剛日記》出版了，史學大師余英時先生通讀所有日記，寫出〈未盡的才情——從《顧頡剛日記》看顧頡剛的內心世界〉，其中有個意外的發現是，大家過去都認為顧頡剛是一位謹厚寧靜的恂恂君子，但從日記觀之，在謹厚寧靜的背後，卻有著激盪以致浪漫的情感。余先生指出他對譚慕愚女士「纏綿悱惻」的愛情，前後綿延了半個世紀以上，委實動人。也因此本文根據顧頡剛先生的日記、書信，及顧潮女士的《歷劫終教志不灰——我的父親顧頡剛》等資料，重新來審視顧頡剛先生的婚姻生活與感情世界。

談到顧頡剛，很多人馬上就會想到《古史辨》。是的，顧頡剛是因《古史辨》而暴享盛名的。但當我們讀他那篇長長的自序（或可說是學術自傳），我們感受到的是他誠懇為學、不假捷徑的如一態度。學者吳方就認為，即如大膽立說，發人所未發，也是其來有自，一是以案頭的勤搜資料為基礎（他的讀

書筆記有二百餘冊）；一是有學術探討的淵源，上接劉知幾、鄭樵、章學誠、姚際恆、崔東壁的遺緒，而有所發展。可以説，這與盲目地反傳統不一樣，他的學術活動一直是處在傳統中，並對傳統有所扣問和檢討。如今八十年過了，顧先生那篇海闊天空的長序，還能讀出新鮮感，並不是熬來熬去只待傾去的藥渣。這使人想到，在「激進」與「保守」對立的思想史、文化史格局中，可能還有人走著另外的路。正如顧頡剛的「疑古辨偽」同樣體現於求真求實的樸素情懷中。

顧頡剛一八九三年五月八日生於江蘇省蘇州市。因顧家數代單傳，長輩們要他早婚，因此在顧頡剛十三歲時，有一次父親帶他去茶館吃茶，與鄰桌的客人寒暄了幾句，並喚他過來拜見。顧頡剛原以為這是父輩一般熟人相遇，那知是女方家長前來相親。就這樣他與城內吳氏定婚，他雖不滿這包辦婚姻，但又不敢抗拒。一九一一年一月二十七日，他與吳徵蘭女士結婚了，那時他尚不滿

《古史辨》七冊書影

十八周歲。而新娘則大他四歲，是個純粹舊式女子，兩人本無感情基礎，更無共同語言。但顧頡剛感其柔弱無辜，既然木已成舟，則「男女之情捨吾婦外，不應有第二人耳！」，婚後他刻意培養夫妻感情，甚至還教她認字，寫自己的名字。

一九一二年夏，顧頡剛自蘇州公立第一中學堂畢業，次年四月入北京大學預科。這時他的長女自朋剛出生兩個月。顧頡剛因專心於課業，每年僅在寒暑假回家探望。而吳徵蘭體質素弱，一九一七年二月生次女白珍後不久，街上有大出殯者，熱鬧非凡，她不顧月子裡的羸弱，出門觀看，受了春寒，回家即患乾咳。這時顧頡剛已入北京大學哲學門學習，在暑假返家，看到吳徵蘭夜夜咳嗽並且發熱，知道是結核病，建議送她到西醫處就診。奈何家中長輩認為是平常小疾，不予理會。翌年寒假顧頡剛返家，又再催請入院治療，仍遭家中長者拒絕。最後吳徵蘭只得去求仙方、服香灰，而顧頡剛在北京得知吳徵蘭病重後，終日心神不定，憂慮交加，終於在一九一八年六月中旬，因失眠日劇，無法應付學校功課，不得不提前請假回家。回家後，他看見吳徵蘭消瘦不堪，終日昏臥，知道她將不久於人世，乃極力主張將其送入醫院，但亦被長輩斥為多此一舉，於是顧頡剛日夜陪伴吳徵蘭五十天後，吳徵蘭終於在一九一八年八月初撒手人間。

吳徵蘭入殮次日，顧頡剛的父親便和他商議續婚之事，但他因心情不好，推說等大學畢業再議。但因料理喪事，失眠症又發，加上祖母年近八十、幼女尚在襁褓之中，繼母又隨父親從宦在杭州，家中無人照料。於是顧頡剛只得休學一年，居家侍奉祖母，兼養病體。他體察現實情況，實在需要一位少婦主持家事，否則自己亦無法回京復

學；加上失眠症久治不癒，醫生勸他覓一如意夫人，可陶冶性靈以癒病。而那時顧頡剛的好友王伯祥、葉聖陶都在蘇州東南的吳縣第五高等小學任教，為了幫顧頡剛從喪妻的悲痛中解脫出來，於是他們邀顧頡剛前往遊覽。九月間，顧頡剛去住了一星期。王伯祥向他談及本校畢業生殷履安，並推崇其才德；後來葉聖陶也有同樣的褒獎，說她好學不倦。兩位摯友的推薦，使得顧頡剛產生敬慕之心，雖未謀面，卻對她不能忘懷。十月底，他向祖母說起殷氏，得到祖母應允，於是便派人去求親。為了這門親事，顧頡剛煞費苦心，因為長輩篤信算命，除在生辰八字上做文章外，又費盡唇舌，終才底定。一九一九年五月二十一日，顧頡剛與殷履安結婚了。

婚後，兩人相親、相知、相愛。按照當時的習俗，沒有所謂的「新婚蜜月」，但顧頡剛以給自己醫病為由，帶著殷履安將蘇州園林逐一遊玩，一個多月後又一同到杭州為父親做壽，在西湖的青山綠水間盡情倘佯。家中長者對此

1920年8月顧頡剛與
夫人殷履安

頗多非議，但顧頡剛卻不以為意。從杭州返蘇不久，夫妻同到殷家行「雙歸禮」，顧頡剛乘便要殷履安拿小學的課作一看，見其許多成績均佳，更增加了幾分敬重。他覺得以前所羨慕的「以伉儷而兼朋友」的樂趣，現在竟如願以償，真是感到前所未有的快樂。而殷履安素來好學，得嫁一位學人妻，自是深感幸運，處處總要顧頡剛教她。她在家中臨摹歐陽詢《九成宮》碑帖，便寄去給顧頡剛看；她想看小說，也寫信給顧頡剛要，而顧頡剛總是有求必應，或寄去、或請乘船人帶去，而且對這些書籍做概要的介紹，便於殷履安閱讀。

除此之外，在信中顧頡剛一直勸殷履安不要迷信教師，他說：「非自修必不足以成學問」，「一個人自修得來的學問，是真學問；是永久不忘的學問；是能夠應用的學問。若是秉承師教來的，便是『口耳之學』，不真切的。……同鸚鵡、留聲機器有什麼分別呢？」對於老師，「只當他是引導、是顧問。」「老師所說的，還要自己考慮一番」，「考慮不出的，我們還得存疑。」顧頡剛並提醒殷履安，在自修時「對待書籍亦要留心，千萬不要上古人的當，被作者瞞過；須要自己放出眼光來，敢想、敢疑」，因為有了疑惑才會有推測、實驗、判斷，得知事物的真相，才能改良革新，「所以世界的進步，根本在人類有疑惑的天性。一個人的進步，根本在這個人有疑惑的性情。」而後來顧頡剛的《古史辨》，正是發揮這種「敢疑」的精神。

一九一九年九月，顧頡剛回北大復學，殷履安在家中代他盡孝道，操持家務。他們兩人相思良苦、魚雁頻繁，互訴雙方的生活和情感。顧頡剛慶幸自己能娶到如此賢慧的妻子，儘管結婚時間不長，然而彼此瞭解，對別人不說的話，唯獨他們倆能相互說個暢快；尤其是

在如何對待舊家庭、處理各種矛盾方面，他們相互體諒、相互安慰、相互幫助，同舟共濟。顧頡剛感到他們之間已由男女之愛、夫婦之愛而達到朋友之愛。他說，每想到履安時，自己「心裡的肅殺之氣，都變成融融春意了。」而顧頡剛在學業忙碌中，為抑制失眠，常偷閒出門遊覽，雖有好友相伴，但他總遺憾殷履安不能相隨。於是他便把殷履安的照片帶在身上，彷彿也讓殷履安分享美麗的景色。然而有一次在溪山上走得匆忙，竟將照片遺失了，顧頡剛相當懊惱，因為這是妻子剛剛寄來的近照，只親密了四天多。後來他在信中說：「履安，我把你留在遠遠的青黑的西山了！你再多洗幾張照片寄來吧！我要在『書裡夾著，箱裡藏著，袋裡帽裡依舊插著，讓我處處看見你，彷彿你真在這兒一般』，以慰思念之苦！」。

一九二四年四月十三日《顧頡剛日記》提到他和潘家洵（介泉）等人和北大女生黃孝徵、彭道真、劉尊一、譚慕愚等人遊頤和園等地，這是顧頡剛初識譚慕愚之始。譚慕愚，一九〇二年生，湖南長沙人。出身書香門第，父譚雍，「係日本留學生，清末從事革命，到四川、廣東等運動起義。光復後，感黨人之不義，杜門不出。」譚慕愚從小聰明好學，初小畢業後，家境困窘，失學在家。後自學高小課程，考取公費的湖南省立第一女子師範學校，開始接受進步思想。「五四」運動在北京爆發後，長沙積極響應，譚慕愚作為女師「樂群會」的代表，參加湖南學生聯合會的成立大會，並被推選為該會負責人之一。她勇敢地投入抵制日貨和驅張（敬堯）的愛國運動中。她以學聯提出的「張毒一日不出湘，學生一日不返校」的誓詞為信念，四處奔走，多方聯絡，組織罷課，發動遊行，成為「駐省驅張團」的健

將。驅張運動終於取得了勝利，而譚慕愚也贏得同學們的敬佩，成為湖南學生界的風雲人物。一九二三年譚慕愚報考南京東南大學、天津南開大學及北京大學，先後被三校錄取，後來她選擇進入北大。她晚年回憶說：「我在預科時，顧先生（案：顧頡剛）叫我學歷史。我在歷史科，讀了半年，後來還是轉到法科去了。」

譚慕愚給顧頡剛的印象是：「予於同遊諸人中，最敬愛譚女士，以其落落寡合，矯矯不群，有如幽壑絕澗中一樹寒梅，使人眼目清爽。」（1924年4月29日《日記》）顧頡剛對其可說是一見鍾情，在同年五月六日他給好友俞平伯的信說得更明白：「我告你一件奇事，我近年來專是過理智和意志的生活，一意奮鬥，把感情竟忘卻了。一、二月來，介泉、緝熙常和他們的女學生同遊，我也從興。我對於女子向來不感什麼趣味，但這次竟給我看到一個非常合意的女子。她性情極冷，極傲，極勇，極用功，極富於情感。她到了山中，一個人跑到很遠的澗壑裡，大家都嫌她落落寡合。但她不是真淡漠，她見了花的喜悅，會得不自禁的手舞足蹈起來。我一見了她，就起了很強的愛敬之心，不覺精神恍惚了。這很奇怪，我並不想和她成姻眷，我也不願和她發生較深的關係，只是覺得她可愛，只是覺得我愛她的情事無法處置。我也不希望她知道我愛她，更不願意得到她的愛。我曾同介泉、緝熙夫婦討論這事，他們都說我的性情像她。但單是性情相近當不致如此顛倒，我也深信一定夾了性的色彩在內。然我又敢說我並沒有性慾的要求，我看性慾是最可厭的一件事。因此想，在性情相感之上，性慾之下，中間有一個很美麗的境地，我正是在這境地中陶醉了。我想着這事就自己失笑，覺得我是一向用自己的意志去支配事物

的，現在竟給外界的力量把我的精神支配了。我的理智對我說：『你不要去理它，一理它，你的生活又要脫出軌道了，你的事業是無望了。』而我的感情對我說：『你若不去理他，你的生活就乾燥的像沙漠了，太不美了，你就不可算作人了；至於事業學問，本來是桎梏性靈的東西，管它怎的。』平伯，我的理智同感情分了家，叫我如何是好？……以上的話，請你不要告人。我願意盡言的，有介泉、聖陶和你。聖陶在滬，人多口雜，我不願意給他們稱引在口頭，做閒談的資料，所以不告他了。」

　　而五月十五日顧頡剛在回覆俞平伯的信中又說：「……一個月來，我的心境不辨酸甜，不別悲歡，如睡在楊花作成的衾褥中，溫柔到極度，又如被撇在一個無底的幽洞裡，淒愴到極度。惜我無創作的天才，不能寫將出來。但只此低徊無奈之情，已夠我一世的回想，已夠我生活於美麗世界的驕傲。本星期日，又要和她們遊三家店去了。遊畢以後，當不知給我以怎樣的惆悵，我所至的境界當益發淒麗了。惜兄不在，不能共享此樂，共分此愁。」當天晚上他在日記上寫道：「寫平伯書，詳述我的愛美不求對方明瞭之故。雖胸膈一暢，但愈淒麗了。我苦情多，奈何奈何！」。

　　六月五日又有信給俞平伯，此處就不再多引了。六月二十一日給俞平伯的信中說：「……我的怯弱的心靈時時想道，『從今以後不要去見她罷，只當沒有這個人罷』，但情感哪裡肯答應！你告我既澄『三十不娶，不應更娶』的話，我也想道，『我的交女友不在於十幾歲時，又不在於二十幾歲時，乃在出了三十之後，實在不應該了。』但既經交了，要劃絕情緣可是做不到了。說也可笑，我以前三十年竟

不曾懂得什麼叫做閒愁，而不期這人生的秘密竟於今年闖進去了。這真使我手足無措，不知怎樣才好。我自知，我是決不會做出鹵莽的事情，為有歸宿的情愛的，但長此悵惘淒迷，流連哀惋下去，不知要把我的性格變到怎樣？這一段無奈之情，現在似乎已到了最高度，將來日子延長下去，要不要再伸張開來，把我的情感如吹小汽球一般的爆裂了？大約從前人所說的『腸斷』，即是感情的爆裂。如果我終不免到此境界的，那末，我還是死心塌地的『安排腸斷』罷。……匆匆把胸中一吐，乞兄秘之。」當天日記上他寫道：「寫平伯信。予與介泉言，如予者無資格入情場，而此心終不能自已，纏綿悱惻，殆不可堪，思之良愧！自遊頤和園至今日，才六十九日耳，乃覺有半年之久，時間之主觀如此。」

《我們的六月》

《我們的七月》

　　七月二日顧頡剛又給俞平伯一信，這裡也不再多引了。總之，這五封信大都是和感情有關，而且比較私密的。據顧頡剛的弟子王熙華教授說，一九二四

年顧頡剛曾抄存這五封信，釘成一冊，題為《與平伯書》。其中五月十五日的那封信，後來（一九二五年）俞平伯曾把它發表在《我們的六月》一書上，但有刪節。（顧頡剛在一九二五年七月二十二日的日記中說：「平伯以去年五月中所寄書在《我們》上發表，此甚非我意。萬一給慕愚知道了，豈不難堪。」）其餘的俞平伯就遵照顧頡剛的意思而「秘之」了，直到六十六年後，王熙華教授才將這五封信發表於一九九〇年的《新文學史料》第四期上。但因當時《顧頡剛日記》尚未出版，一般研究者無從得知譚慕愚的名字事蹟，及此戀情日後五十年的發展，因此這段情事也就被輕輕地放過了。

顧頡剛與譚慕愚的交往情形，他是寫信告知遠在蘇州的殷履安的。我們看一九二四年八月九日的日記云：「今日寫履安信，將數月來對於譚女士愛好之情盡量寫出。予自問此心甚坦白，且亦無所謂得失，履安為我最親之人，不應不直言，故索性暢快一吐，使胸中一爽。如履安覽信後不感痛苦，則更大慰矣。」九月十八日，顧頡剛把殷履安接到北京，結束了五年兩地相思之苦。這時他在北大研究所國學門任職，又兼孔德學校教員，薪水剛剛夠養家。然而學校常常欠薪，加上顧頡剛又喜買書，致使用度吃緊，生活相當清苦。幸有殷履安勤儉持家，顧頡剛不再為家務分心，工作又有了好幫手。殷履安替他抄寫、整理書稿；又為防他失眠，每夜必替他捶背摩腿，直至顧頡剛入睡。殷履安因患盆腔結核，無法生育，顧頡剛一點都不怨她，反認為免受養育幼童之累，豈不是好事？殷履安則將顧頡剛前妻之二女，視如己出，母女間慈孝之情超越了尋常家庭。錢穆在《師友雜憶》這樣描述道：「其家如市，來謁者不絕。余初見其夫人及其二

女，長女幼年得病而啞，其夫人乃續娶未育，有賢德。賓客紛至，頡
剛長於文，而拙於口語，下筆千言，汨汨不休，對賓客訥訥如不能吐
一辭。……然待人情厚，賓至如歸。常留客與家人同餐。其夫人奉茶
煙，奉酒肴，若有其人，若可無其人。然苟無其人，則絕不可有此場
面。蓋在大場面中，其德謙和乃至若無其人也。余見之前後十餘年，
率如此。」也因為殷履安以賢德著稱，所以雖缺乏才情，但顧頡剛不
能有負於她。這也是他給俞平伯信中所說的，對於新歡他「並不想和
她成姻眷」，「也不願和她發生較深的關係」的原因。

　　一九二四年十月二十六日，《顧頡剛日記》說：「今日猶得集頤
和園遊侶於一堂，此樂幾疑非真矣。自四月中與諸女士相識，至於六
月，往還頻繁，若一家人。自六月至今，四個月許，蹤跡漸疏，譚、
黃、謝諸女士均有不來之兆。每追思良會，輒憮然不樂。予嘗謂介泉
及履安曰，『天下無不散的筵席，這是事實。天下的好筵席不要散，
這是我的願望。事實與願望必相違，我生 其終陷於悲恨中矣。』」

　　一九二五年四月十九日，日記云：「五點半起身，七點出門，
到緝熙處，則同遊諸人已盡在矣。譚女士亦在，尤出望外。七點三刻
上電車，到西直門。雇車，十二點到黑龍潭。在池邊進食，看西洋人
洗浴。一點一刻出，二點一刻到溫泉。洗浴。四點上車歸，至八點抵
西直門，乘電車歸。進夜餐後即眠。今日午前驕陽如焚，午後輕陰細
雨，大有秋意，頗足蓋景色之平庸。歸途屢逢大雨，黑暗中在海淀道
中走，尤別饒趣味。不見譚女士已近三月，今日相見，喜出望外。予
負水壺，承其好意，為予代負。乃歸途於青龍橋畔因皮帶鬆脫而撲碎。
彼必欲賠償，使予心甚為不安。」而這次同遊諸人中，還有殷履安。

同年在上海發生的「五卅」慘案，消息迅速傳遍全國，各大、中城市紛紛罷工、罷課。此時的譚慕愚同北京大學、中國大學、中法大學等校學生組織救國十人團，到東交民巷向英國使館示威，並鼓動英使館工人罷工。顧頡剛在六月七日的日記上說：「《晨報》載三日遊行隊至東交民巷時，前隊（北大）遲至不進，有女士二人徑前奪旗，曰，『時已至此，還怕死嗎！』大隊遂隨之而進。至柵門，門緊閉，乃高呼而返。彭女士言譚女士當遊行至東交民巷時極激昂，《晨報》所言，或即是她。十一日，譚女士來，詢之，謂即彼一人。」

而一九二六年「三‧一八」慘案，在北京段祺瑞政府鎮壓愛國學生的暴行中，我們也赫然見到譚慕愚的身影。當劉和珍、楊德群、張靜淑等人中彈倒於血泊時，譚慕愚救出負傷流血的張靜淑，並送到醫院。她在魯迅稱之為「不但在禽獸中未見，便在人類中也極少有的」慘案中，表現出大無畏的勇猛精神。而這也是顧頡剛對她極為傾倒之處。

1937年3月14日顧頡剛在
禹貢學會理事長辦公室

同年六月十二日，日記上說：「慕愚來，謂不久將到四川重慶任女子師範課，即在那邊整理黨務，須作一年別。」六月十八日又云：「慕愚來書，謂此別不知何時相見，此語甚使我悵惘。因作函勉慰之。然自心之傷悲亦已甚矣。」自此譚慕愚離開北京大學，踏入社會工作，顧、譚兩人長南北相隔，兩地相思。

一九二七年六月十三日，日記上說：「重慶人民因英艦砲擊南京開會，漆樹芬為主席，為軍閥所槍斃，女學生慘死者甚眾。未知摹愚已離川否？如未離川，不知加入此次開會否？如加入此次開會，不知性命無危險否？道阻且長，我勞如何！耿耿此心，如何可已？悲哉愁哉！不知此後尚有見面之一日否？倘彼萬一不幸，我生尚有何樂趣！言念及此，心酸涕下矣。」關懷之情，溢於言表。

一九二八年六月二十日，顧頡剛在日記上說：「今日下午十一時，慕愚為南京公安局所捕，以她在女子第一中學中立迫社，提倡國家主義，詆毀國民黨，為市黨部政治訓育部檢舉，交公安局逮捕，並謂無論何人不得保出，將以反革命治罪。」日記後來又補記：「七月二日，見此新聞於《中央日報》，意甚憐之。嗟乎，慕愚一腔熱血，不幸為曾琦所用，作此無病呻吟，致陷刑獄，有野心之人以他人為犧牲，真可恨也！」。之後，顧頡剛則展開一連串的營救行動，我們看他在日記上說：「予在廣州，暑假中得高君珊女士信，悉健常（案：譚慕愚）在大學院做科員，不幸以黨案被捕入獄，囑予營救，予因致長信與蔡子民、戴季陶先生，並發電，請其營救。與健常一函，託君珊轉交，彼得此大哭，來書有「最知我者惟先生」之語。出獄後，東渡日本，學於東京高等女子師範。（是年未見面）」。

而一九二九年八月十六日，顧、譚兩人在蘇州偶然見面，那是三年前北京一別的再度重逢，顧頡剛在日記上這麼寫著：「譚女士之獄，去年以江蘇特別法庭取消，未了結。今移歸江蘇高等法院辦理，傳其到庭，遂由日本歸國。患胃病，在上海醫院割治，尚未瘥，今日扶病到蘇。欲訪我地址，不得。適與適之先生同寓蘇州飯站，遂相晤見。三年渴思，忽於今日無意中遇之，真使我喜而不寐矣。渠今頗有意研究滿蒙問題，欲在日本搜集材料，到北平研究之。以彼之才性學力，由政治生涯轉向學術之途，必可有大成就，惟祝其身體強健耳。」

　　一年半後，也就是一九三一年，譚慕愚已回到南京的內政部工作，並已改名為譚惕吾。一月九日顧頡剛到南京訪譚惕吾，久別重逢，他寫下如下的詩句：「一天風雪冷難支，為約伊人不改期。我願見時便慟絕，勝留餘命更生離。」而在第二天兩人見面了，顧頡剛有如下的描述：「不見慕愚，一年半矣。情思鬱結，日益以深。今日相見，自惴將不止隕涕，直當暈絕。乃覯面之下，塵心盡滌，惟留敬念。其丰儀嚴整，消人鄙吝可知。今日天寒，南方詫為數十年所未有。彼為我買炭，手撥爐灰，竟六小時，我二人在一室中未曾移席。嗚呼，發乎情，止乎禮，如我二人者殆造其極矣。」一月二十四日，日記又寫道：「予與慕愚一段情懷，從未道破，近日頗有在弦上，不得不發之勢。今晨醒來，天尚未明，思欲作書致之，以極簡單之詞約之曰，『我二人相逢已晚，無可奈何。然此世俗之常情，萬流所共趨。以吾輩個性之強，自當超出恆蹊，別求慰藉。』終慮攪亂其心，不敢書也。」

　　愛慕之情，不敢明說，於是顧頡剛換了個方式。我們看他在二月四日的日記上寫道：「久欲寫慕愚信，今日忍不住了。信中勸其向世界史及中國國民生活兩方面著力，將來好與我共作一部中國通史，我任上古至清，她任鴉片戰爭以後至現在。要是這個工作真能作成，我二人精神之結合將歷千古而長存，不勝於百年之伉儷乎！只要她能答應，我的不安靜的心就可安靜了。」於是他給譚惕吾寫了一封二千餘言的長信，很快地他收到對方善意的回音，顧頡剛在二月十七日的日記上說：「得慕愚書，承受我的要求，自接信日起，每日抽出三、四小時讀書，並作筆記，先從滿蒙新疆西藏等問題做起。俟見解成熟，再作論文以鍛鍊發表能力。為之大慰。只要她的學問有成就，我的生命也就有意義了。」

　　而一九三三年秋，譚惕吾更隨內政部長黃紹竑親赴綏遠考察，回來後寫成《內蒙之今昔》一書。黃紹竑在該書的序言上說：「（譚惕吾）近年服務內政部尤喜研究邊政。去歲隨同入蒙，任文書及搜集調查之責，以其平日蘊蓄之富，故於所得各種資料，類能運用歷史及科學方法，分析整理，大有助於問題之認識與解決。歸而著此《內蒙之今昔》一書，都十餘萬言，於蒙古之歷史地理及此次內蒙自治運動之經過，莫不加以委曲詳盡之敘述，不僅可供政府處理蒙事之採擇，抑且可備國人邊事之參考。」而譚惕吾將之歸功於「同學夏濤聲之襄助，及吾師顧頡剛、楊秩彝兩先生之校訂。」誠然，就《顧頡剛日記》觀之，譚、夏、顧三人當時為此書同在杭州西湖工作一個月，也留下了不少西湖唱和的詩句。顧頡剛有詩曰：「製就長篇十萬言，要從筆底固邊藩。幾回寫到傷心處，彷彿遙聞啼峽猿。」即是詠此事

的。譚惕吾對邊疆問題的興趣，甚至影響到顧頡剛的研究方向，他自己就說過受到譚惕吾的感動，「遂有研究邊疆問題之志」。

當然譚惕吾對顧頡剛的影響還不僅此，余英時先生就說：「為了代譚慕愚取得證明書，他不惜改變初衷，進入北大這塊『是非之場』。胡適和傅斯年大概萬萬想不到，他最後答應來北大歷史系兼任是出於這樣的動機吧。」是什麼動機？請看他一九三一年五月九日的日記：「張西山君轉到健常信，悉健常已到內政部逾半年，例須由銓敘部審查資格，而渠已改名，恐北大預科畢業證書無效，囑我向蔣、胡二先生言之。然我以耽遊覽，來濟（南）已逾期，審查期亦已過，悵甚。即寫夢麐先生信，答應下學年在北大兼課事，請其即速證明健常資格。」以非其本願地到北大兼課，來換取開立譚惕吾的學歷證明，顧頡剛真是為「愛」犧牲了。

一九三六年顧、譚兩人同在南京工作，顧頡剛要找譚惕吾當其副手協

晚年的顧頡剛

助他做研究，當他徵求殷履安的意見，殷卻不贊成。七月八日日記寫著：「中央工作，予欲健常助予為之，以其人有才幹，有宗旨，且熱心，在予友中無第二人也。告之履安，渠不贊成。在其立場上想自當如此，但我敢作誓言於此，予決不負履安，否則十三年之苦痛，忍住了有什麼結果。但若因此而加重健常之苦痛，則將怎麼辦？噫，異性交情，其難如此！」。八月八日顧頡剛有感而發，寫了一首詩給譚惕吾，詩曰：「白門重聚首，悲喜俱難量。試看一腔血，頓成兩鬢霜。此心但有託，便老亦何傷。敢以身為炬，與君共耀光。」

一九三八年春，譚惕吾跟隨內政部遷到重慶，九月，顧頡剛也到重慶，兩人時常見面。顧頡剛說：「中秋日宴予於其家。其妹婚後，擬同遊北碚而未果。十月，予至滇，渠至航空站送別。」一九四○年秋，「健常到成都視察，予訪之於四川旅行社，彼亦訪予於邊疆服務部。宴之於大三元，適逢敵機轟炸，進食已下午三時矣。晚，看齊大學生作羌民歌舞。」一九四一年夏天，顧頡剛到重慶，在青木關開會完畢，就去陳家橋見譚惕吾。是年秋天，顧頡剛再到重慶，譚惕吾則到「三民主義叢書編纂會」見他。

一九四三年五月三十日，顧頡剛在日記寫道：「二時半，履安氣漸促，至二時五十分去世。……履安與予結褵整整二十四年，今日永隔幽冥，忍之痛絕。」其實早在四年前，殷履安將顧頡剛父親的喪事料理完後，由蘇州抵成都時，身體已大大受損。顧頡剛說：「渠夙有胃疾，茲於短期中兩涉長途，舟風浪摧傷其臟腑，憔悴至無人形，下站時幾不相識。」（《西北考察日記》）以後雖有所恢復，但元氣已傷。又患惡性瘧疾，高燒與吐瀉並作，終告不治。殷履安之逝，顧頡

剛自是痛不欲生，他在七月二十七日的日記這麼寫著：「徵蘭之歿，予僅哭兩次，一氣絕，一入殮耳。獨至履安，則一思念輒淚下，今日又哭出。她對我實在太忠心了，教我如何不想她！今日與伯稼談履安事，又出涕，看《浮生六記》中記逝一章，又泣不可抑。噫，我心真碎矣。」八月一日日記又說：「心緒既壞，身體又劣，生不如死！自珍（案：顧頡剛之次女）謂從未見予如此頹廢。憶祖母死後雖有家庭之變，而有履安相輔，精神上尚不大難堪。今履安死，則『臣無以為質矣』。有生以來，從未有如此之傷心者也。」

而對於殷履安，顧頡剛更有著一份感佩之情，那是在一九三二年三月二十九日給殷履安的信中說：「我最感激你的，是你沒有虛榮心，不教我入政界。前數年，國民革命初成時，我的師友們何等得意，那時我要得一官容易得很。假使你存此勢利之見，要你的夫婿登上政治舞台以為自己的光寵，朝晚在閨房中強聒，我也未必不會心頭一軟，滑到了那邊去。可是你始終無一言及此，使得我還能獨善其身，專心學問。這件事看似平常，其實正不容易。我們兩人，至少在這『淡泊』上面是有共鳴的心弦了！因此，使我感到，我將來的學問事業如能成功，由於我的努力者一半，而由於你的輔助者亦一半。」

由於殷履安的逝世，使得顧頡剛求婚於譚惕吾。而因為譚惕吾將有遠行，使得顧頡剛在新喪不久，就有「再婚」之舉。六月十五日他開始寫長信給譚惕吾，這封信共十頁，約九千四百字，寫了六天。顧頡剛說：「予與健常鍾情二十載，徒以履安在，自謹於禮義，此心之苦非他人所喻。今履安歿矣，此一幅心腸自可揭曉，因作長函寄之，不知被覽我書，將有若何表示也。（此事本當少遲，以彼將有遠行，不

得不速。）」二十六日他收到譚惕吾的回信，十分意外，他在日記上說：「今日上午十時得健常信，態度甚冷，使我幾暈。彼如何如此忍心？無意耶？弄狡獪耶？在柏溪時，折紙作兩鬮，一書譚，一書他姓，置於掌，祝而搖之，三次皆得譚。今夜復作兩鬮，一書成，一書不成，則三次皆得成。果爾，則健常此函特試我耳。」二十年的感情，得此結果，終教他難以相信。於是二十七日日記又說：「晨三時半醒，想健常事，意不能自遏，天明即起寫信。看今明兩書達到後，彼將作何答覆。」到了三十日他們兩人終於見面了，日記上這麼說：「健常來，同到金剛吃茶、飯。談一小時。午間健常之來出予意外，渠云，為我想，須有子。為彼想，彼是一活動之人，不能管理家務。把她心中問題直接說出，反使予放心。予必設法，使彼此間相成而不相妨。」但譚惕吾還是拒絕了顧頡剛的求婚。後來王熙華教授在文章中亦說「抗戰中，顧頡剛的妻子殷履安病逝後，他曾向她求過婚，她以自己已不能生育而拒絕了。顧頡剛只得另行續娶，但他畢生愛著這位女子，至死不渝。」作家葉永烈在《反右派始末》書中談到譚惕吾說：「一九三三年黃紹竑赴內蒙古巡視時，調她做為隨員，從此她與黃紹竑有了密切的關係，以至成為黃紹竑的『感情的俘虜』。」譚惕吾前後追隨黃紹竑二十年，葉永烈還認為譚惕吾之於黃紹竑，就如同浦熙修之於羅隆基，因此譚的拒絕顧的求婚，或許與此有關。

　　同年十月十三日顧頡剛接受友人蕭一山、羅根澤的介紹，開始和張靜秋女士交遊了。張靜秋，江蘇銅山人。一九三三年自北平師範大學外語系畢業後，即與三位志同道合的同鄉女友，回徐州創辦立達女中。「七七事變」後學校停辦，她隨家人逃難至廣西桂林，任桂林女

中教員，一九四〇年轉至重慶等地教書，是時任職於中央大學柏溪分校；張靜秋篤信教育救國，一心在工作上，因此年屆三十五歲尚未結婚。一九四四年四月四日，顧頡剛與張靜秋訂婚，同年七月一日在北碚結婚。因考慮當時公務人員生活太苦，因此不舉行婚禮、不發請帖，亦不印謝柬，只招待一些極熟的朋友，在蓉香飯店請了客。這是顧頡剛的第三次婚姻。

據葉永烈書中說，一九四五年，譚惕吾加入了中國民主革命同盟，站到中共的統一戰線的旗幟之下。一九四九年一月，黃紹竑出任國民黨政府和平談判代表團團員。當國民黨政府拒絕在國內和平協定上簽字之後，黃紹竑出走香港，公開發表聲明，脫離國民黨政府。當黃紹竑在香港時，譚惕吾幫助中共華南局和黃紹竑暗中接頭，後來促使黃紹竑從香港前往北平，出席中國人民政治協商會議第一次全體會議，使黃紹竑成為中國共產黨的戰友。

顧頡剛與張靜秋合影

　　一九五四年以後，顧、譚雖仍有見面，但一屬於「民主促進會」，一屬於「中國國民黨革新委員會」（民革）兩人開會時分別在政協與人大。一九五五年一月一日，顧頡剛在日記上說：「到惕吾處，長談，留飯。今午同席：曾萍、王偉、黃鏡吾、譚家昆及其子女（以上客）。譚惕吾及其子利民、女靜（以上主）。惕吾之母已於去年在京逝世。其子女二人則所撫孤兒也。」譚惕吾終身未結婚，其子女乃是撫養的。

　　一九五七年「反右」運動發生後，顧頡剛在六月二十九日的日記上說：「報載人民大學法律系四年級女生林希翎（亦名程海果）大發反社會主義謬論，渠曾住譚惕吾家，與黃紹竑亦有往還。予前覽報，覺民盟章伯鈞、羅隆基、儲安平等有組織，有陰謀，而民革若龍雲、黃紹竑、陳銘樞、譚惕吾等不過說話隨便，似不當同等看待。今觀人大揭發，殆不其然。論世知人，戞戞乎難哉！」。

　　在「反右」運動中，譚惕吾和黃紹竑均為民革成員，但在民革同受批判。民革副主席熊克武，曾以〈譚惕吾是右派向黨進攻的急先鋒〉為題，於一九五七年十二月十四日在民革中央舉行的「揭露批判右派分子譚惕吾反動言行大會」上發言，進行批判，其中說道：「譚惕吾與右派分子黃紹竑，一項在政治上緊密勾結，在這次向黨向社會主義進攻中，更是狼狽為奸，此唱彼合。關於這方面的事實，譚惕吾迄今還未徹底交代。譚惕吾與大右派學生林希翎，早在今年三月間就勾結在一起，攻擊人民司法，鳴放期間，譚惕吾還勾結章羅聯盟的骨幹分子范樸齋，社會主義學院右派分子唐現之等人；企圖互相策應向黨進攻。由於人民群眾及時展開反右鬥爭，其陰謀詭計始未得逞。」

民革中央常委朱蘊山接著批判了譚惕吾的「頑固態度」，他說：「可是直到今天，右派分子譚惕吾還是不肯交代自己嚴重的政治罪行，更沒有真誠悔過自新的表示。」另外楚溪春、錢昌照、陸天的聯合發言，更歷數譚惕吾「爭名爭利的醜行」。批判之聲，撲天蓋地而來，民革中央整風辦公室在一九五八年一月，甚至還編印有《揭露批判右派分子譚惕吾反動言行大會發言匯輯》的冊子。

　　一九五八年四月底的《顧頡剛日記》云：「本月十八日到社會主義學院參觀大字報，諸大右派分子章伯鈞、羅隆基、陳銘樞、李健生、黃紹竑、儲安平、費孝通、錢端升、浦熙修、陳銘德、鄧季惺、葉恭綽咸有，獨不見龍雲、章乃器、譚惕吾三人，蓋彼輩不肯學習也。與伯昕談，我輩要否去勸一勸。渠云不必，統戰部曾召集右派分子開會勸導，譚惕吾發言仍強硬不服罪，毛主席說，讓他們待著看罷。聞之殊為憂慮，今日何日，乃猶作死硬派耶！龍雲年老不必說，章乃器、譚惕吾年均五十餘，在社會主義建設時期大可作為，乃將以死硬派終耶？」對於這段描述，余英時先生不無感慨地說：「顧先生想去勸她，可見關懷之情不減往昔。但是他們兩人此時的思想距離，相去已甚遠。譚負隅頑抗之際正值顧『向黨交心』之時。」確實顧頡剛在一九五八年四月十六日的日記上說：「今日予向同人挑戰，不但比數量，而且比深比透，成一積極分子矣。歸後為靜秋言之，渠喜而不寐。」

　　一九七一年八月三日，當時還在「文革」其間，《顧頡剛日記》這麼記載：「予打電話與健常，未通，豈真有憾於我耶，抑他遷耶，今生尚得相見耶？思之悵然。」一九七八年九月六日，已經八十五歲

高齡的顧頡剛，重翻五十四年前的日
記，當他看到一九二四年他和譚慕愚初
相識並大夥同遊頤和園的情景時，往事
歷歷，如在眼前。他「不覺悲懷之突發
也。因題詩於上，以志一生之痛。」，
詩曰：「無端相遇碧湖湄，柳拂長廊疑
夢迷。五十年來千斛淚，可憐隔巷即天
涯。」因為當時譚的「右派」帽子未
摘，兩人雖同住北京，但卻咫尺天涯，
終不得相見。儘管如此，顧頡剛對譚惕
吾依然關心著，我們看一九七九年二月
二十四日日記說：「今日報載人大常委
會中設立法制委員會，費孝通、譚惕
吾皆在，知一九五七年之冤獄一洗而
空矣。為之喜慰。」而在一年多後，
一九八〇年十二月二十一日，顧頡剛走
完了人生的最後一程。享年八十七歲。

顧頡剛（1983.05.08——
1980.12.25）

　　王熙華教授在一九九〇年發表的
文章上說，顧先生畢生愛著這位女子，
「此事，他續娶的夫人知道，他的子女
也知道，並和她有著友好的往來關係。
因為，她尚健在，這裡就暫隱其姓名
了。」而在顧頡剛百歲誕辰時，當時已

九十一高齡的譚惕吾也趕來參加紀念會，還做了〈顧先生的驚人記憶力〉的簡短發言，她說：「顧先生是我的老師。顧先生搞歷史研究，他的記憶力也是驚人的。有一次我同顧先生一起去看胡適之先生，胡先生問他一個歷史事件，是在《二十四史》哪一冊裡面？他就走到胡先生的書櫃前，從《二十四史》中拿出一本，不僅翻出頁數並且指出行數給胡先生看。我一看，覺得顧先生了不起，一部《二十四史》中，一個歷史事件在其中何卷、何頁、何行都可以找出來，這是很罕見的。顧先生研究歷史，不是迷信歷史，還要考證，辨別真偽，就是古史辨嘛，是很了不起的，也是研究歷史者所難能可貴的。我對顧先生十分欽佩，今天是顧先生百年誕辰，特趕來紀念。」

顧頡剛與夫人張靜秋及子女

再四年，一九九七年譚惕吾故去，
享年九十五歲。

（本文顧頡剛先生的圖片採自顧潮
女士的《歷劫終教志不灰——我的父親
顧頡剛》及王學典、孫延杰著《顧頡剛
和他的弟子們》，謹致謝忱）

譚惕吾（左）與朱學範

真實與被扭曲的心靈

——《顧頡剛日記》讀後

日記是最原生的史料，它的價值高過於回憶錄，因為雖然同為出自當事人的手筆，但前者是當天紀錄的文字；後者是經過多少年後的回憶記痕，經常會有種種的失誤。除此之外，日記因為是記給自己看的，因此就更「真實」了。正如周作人所說的：「日記與尺牘是文學中特別有趣的東西，因此比別的文章更鮮明的表出作者的個性。詩文小說戲曲是做給第三者看的，所以藝術雖然更加精煉，也就多有一點做作的痕跡。信札只是寫給第二個人，日記則給自己看的（寫了日記預備將來石印出書的，算作例外），自然更真實更天然的了。」。

《顧頡剛日記》起於一九一三年，終於一九八〇年，其間經歷六十餘年。字數達六百萬餘言，可謂他一生的實錄。他也寫得很用心，他說：「我記日記之初，本沒有很多話。不料一經下筆，論議就混混而來，不能自休。一天的日記，輒費半天的功夫，寫

顧頡剛日記

去八、九頁的格紙，把我做事光陰便消耗多了。」（1919.1.15日記）也就由於他認真的態度，他的整部日記保留了許多珍貴的史料。從最早的《檀痕日記》，它可說顧頡剛早期看舊戲的心得報告，從這些看戲的經驗中，後來他悟出一個道理；「知道故事是會得變遷的，從史書到小說已不知改動了多少（例如諸葛亮不斬馬謖，而小說中有揮淚斬謖的事；楊繼業絕食而死，而小說中有撞死『李陵碑』的事），從小說到戲劇，又不知改動了多少，甲種戲與乙種戲，同樣寫一件故事，也不知道有多少點的不同。」（〈古史辨自序〉）他這些觀點後來成為他「古史是層累地造成的」說的誘因。

一九一八年八月，顧頡剛喪妻，後經好友王伯祥、葉聖陶之介，認識殷履安。後來他向祖母說起殷氏，得到祖母應允，於是便派人去求親。為了這門親事，顧頡剛煞費苦心，因為長輩篤信算命，除在生辰八字上做文章外，又費盡唇舌，終才底定。在日記上留有非常

詳盡的批命格、合婚、送禮等細節，這些都是研究民俗極寶貴的一手資料。另外在一九二三年一月、二月、三月的最後一天的日記裡，顧頡剛詳細地紀錄了當月生活的帳目，因此我們得知當時他的月薪才只有百元，他一月份收到《小說月報》的稿費三十元，二月份收到〈詩經〉論文稿費五十一元，《後期小學國語教科》特酬六十元。這些稿費對他來說無疑地是很重要的收入，我們同時也知道當時的物價指數，例如熱水瓶三元、皮鞋五元二角六分、《東方雜誌》全年三元六角、明本《左傳》一元等等。而到了一九二四年十二月三十一日的日記，他更增列一年來所作文章，約九萬字。次年年底的日記，更增列一年來所編的書、所辦的事，除此而外還附有一長串的友人通訊錄，因此我們得知徐志摩曾住在「兵部窪中街39號」，陳衡哲是住在「都城隍廟街8號」等等，都是極富史料價值的。

一九二四年四月間顧頡剛認識北大學生譚慕愚，開啟一段「師生」的婚外戀情，長達半個世紀，其間曲折起伏，波瀾壯觀。但在這之前因日記尚未發表，因此知道內情的人並不多。筆者在〈五十年來千斛淚——顧頡剛的感情世界〉一文已詳述，其中相當多的資料來自其日記及書信。

顧頡剛長久有失眠之苦，但大家想都想不到的是音樂家江文也曾為他作過按摩之術。一九五四年十一月十二日日記云：「按摩之術，予所未經。此次因文懷沙之介，邀中央音樂學院教授江文也來施手術，自首至踵，捏得甚痛，欲使神經恢復正常也。別人經此手術即便睡去，而予不然，知此病之深矣。」江文也因留日，所習得的應該是日本的「馬殺雞」（massage）之類的按摩。

《顧頡剛日記》有別於其他的日記，在於顧氏在晚年重看日記後，常常在該天的空白處，再補記對某事的看法或感想。如此一來，前後數十年的不同觀點並存於該日記中。而這後來的觀點有的是補充說明當時的看法的；而有的卻是經政治的扭曲，而作的違心之言。這是讀該日記所不能不辨者，僅就其中幾件較為重大的事件，舉例說明之。

　　顧頡剛與魯迅交惡，在一九二七年三月一日的日記上他說：「魯迅對於我排擠如此，推其原因，約有數端：

(1) 揭出《小說史略》之剿襲鹽谷氏書。

(2) 我為適之先生之學生。

(3) 與他同為廈大研究教授，以後輩與前輩抗行。

(4) 我不說空話，他無可攻擊。且相形之下，他以空話提倡科學者自然見絀。」

但到了一九七三年七月十一日，他又在日記上補上了洋洋灑灑的三千餘言來解說，他說：「倘我不在此冊空頁上揭露，後人必將無從探索，故勉強於垂盡之年略作系統之敘述，知我罪我，聽之於人，予惟

顧頡剛日記

自誓不說亦謊話而已。」可惜的是他當
年誣指魯迅的《中國小說史略》抄襲日
本鹽谷溫的《支那文學概論講話》一
事，始終沒有認錯，甚至提都不提。我
們從日記得知當年是他把這錯誤的消息
告訴陳西瀅，陳西瀅也不察就把它公布
報上，造成魯迅的痛罵陳西瀅。據推論
魯迅當時可能不知謠言的製造者是顧頡
剛，否則以魯迅的脾氣絕對不會放過顧
頡剛的。後來顧頡剛的女兒顧潮教授仍
認為「為了這件事，魯迅自然與父親亦
結了怨。」，恐是不確的。因為他們兩
人剛到廈門大學時，還「同室辦公，同
桌進餐」。而魯迅還「函日本友人，囑
將內閣書庫所藏明本之序文抄出」，熱
心地為顧頡剛找資料，假使在這之前魯
迅就得知陳西瀅之說是顧頡剛造的謠，
則斷無此舉。因此結怨是在這以後的
事，而另有原因的。

1925年的魯迅

　　顧頡剛與胡適的「始善終隙」，
有其原因。他們的分合，雖說最後有政
治觀點的分歧，但主要還在於兩人思想
觀點的轉變，有以致之。胡適已從疑古

而到重建，而顧頡剛仍舊在疑古，最終兩人的思想可說是已「迥然有別」了。而兩人的關係也從「風義師友」，到「由親轉疏」了。其間的各自轉變，是有脈絡可尋的。因此「由合終分」，這已不是偶然，而是歷史的必然了！但最終鬧到不念師生之情，大肆批判，則是政治的扭曲，而做了許多違心之論。

一九五一年十二月二日，顧頡剛以上海學院教授的身份，至上海《大公報》館，參加王芸生主持的「胡適思想批判座談會」。與會的有沈尹默、周谷城、蔡尚思、吳澤、張孟聞、劉咸。顧頡剛在當天日記裡寫道：「今日會上，和胡適有直接關係者只我一人。此會當是北京方面命開者，而我則為其提名，不容不到，故連日有電話來催迫。」六日，顧頡剛將當天發言記錄稿改寫，題為〈從我自己看胡適〉，刊登於十二月十六日上海《大公報》。在該文，顧頡剛先談到他和胡適的學問關係，在「對胡適思想的批判」一節，顧頡剛提到他的〈周易卦爻中的故事〉和〈從《呂氏春秋》推測《老子》之成書年代〉被胡適反駁，他引用錢玄同的話，認為胡適的思想倒退。在「為批判胡適而聯繫自己」一節，顧頡剛說：「……這二十年來，我陸續發現了胡適的種種毛病，交誼也由枯萎而死亡，但為了小資產階段的溫情主義所限，不肯對人說。現在覺悟到應該嚴格分清敵我，所以我確認胡適是政治上的敵人，也是思想上的敵人，惟有徹底清除他散播的毒素，纔盡了我們的職責。」這是顧頡剛正式與胡適劃清界線的宣言。

一九五四年十二月，顧頡剛被選為全國政協二屆委員，在二十四日第一次全體會議上，他深刻地檢查了他在解放前與胡適之間的關

係。為此，他從十八日起就開始寫發言稿，並徵求辛樹幟、李平心、吳晗、侯外廬、尹達等十人之意見，歷經七天而後定稿。在這篇長達三千字的發言稿中，他說：「我在故紙堆裡摸索多年，知道宋代學者有強烈的批判精神，清代學者有精密的考據功夫，心想如果能把這兩種好處合而為一，整理工作必可做好，就用全力去追求之。以後又接受了胡適的治學方法，『第一個起來擁護他』。自一九二一年討論《紅樓夢》，至一九二六年出版《古史辨》第一冊止，這期間『我的研究工作大體上是跟著他走的』」。「解放以前的三十年中，胡適所以能在反動政權的範圍內，以文化界領袖自居，……我是在一定程度上，替他造成他的虛名和聲勢的一個人。這就是我對學術界和全國人民，最抱疚的事情！」。這話雖有責備求全、過甚其辭之嫌，但也能反應出顧頡剛與胡適，有一段頗長的親密關係。接著他說：「至於我的學問的實質和基本方法，原是宋人和清人給我的，……到底是在祖國的長期文化裡的自生自長的，……至於我想把經學變化為古史學，給我最有力的啟發的是錢玄同先生，同胡適絕不相干，胡適還常常用了封建思想給我們反駁呢？」又指斥胡適「販賣空疏的、反動的實用主義」，「大吹大擂」，「賣空買空」，「拿章炳麟、王國維的著作來比較，他實在差得很遠」。這話不僅刻意地再度與胡適劃清界線，還拉高了批判的嗓門。因此據他十二月二十六日日記記載，二十四日他發言完畢，周恩來即告訴他「發言甚好，很清楚。」二十六日當天，顧頡剛見毛主席、劉少奇委員長、彭真市長，「亦均謂予發言好，與周炳琳（枚孫）二人為最佳。這是我想不到的成功。」言下之意，頗有點沾沾自喜的況味。

一九五五年三月五日，中科院召開「胡適歷史觀點批判第一次討論會」。由尹達主持，顧頡剛發言了一個小時。他在當天日日記中說：「近來批判胡適歷史學、考據學的文字中，常常牽到我和《古史辨》，因此我在今天會上說個明白。」為此，他在幾天前就準備了題為〈考據學的反封建性〉（但未寫完）的發言稿，在稿中他說：「考據學是中國土生土長的學問，它以求真為目的，以古代文獻（可能時也加上實物）為資料，以樸素的唯物主義和形式主義的邏輯為方法。嚴格說來，它在中國學術史上有九百年的歷史。從它的萌芽期說來，則已有二千餘年的歷史。在科學知識未傳入中國以前，考據學比較中國原有的理學、文學、政治學等，是最實事求是的學問。它提出了許多問題，也解決了許多問題，可以說是中國的科學。」顧頡剛本意是要為考據學說句公道話，他認為考據學是反封建的。奈何與會者聞之大嘩，他們群起而攻之，認為考據學惟為封建統治者服務。顧頡剛反駁道，那是封建統治者為了私圖，或改古文、或易本義，而考據學之目的正在求真。但顧頡剛終究無法折服眾人，因為這已不是學術上的討論了，而是政治上的洗腦。因此他不得不在會後作出檢討書，自認錯誤有二：「其一，評胡適的演變方法無毒素；其二，謂予與胡適分路後即不受其影響。」（見1955.3.15日記）但事情仍沒那麼容易善了，到了三月二十六日，在統戰部的批判會上，顧頡剛接受尖銳激烈的批判。

學者王汎森在談到在批判胡適集團的風潮時，顧頡剛曾經是那樣避忌談到自己曾受胡適的影響，他舉例說：「根據梁從誡的〈胡適不是研究歷史而是在歪曲歷史〉一文（《歷史研究》一九五五年三期，頁五十）的說法，顧頡剛在一次開會談到自己和古史辨派的時候，只談

到某些個人如章太炎、梁啟超等人對他的影響，並竭力否認胡適對他的影響。此事在李錦全〈批判古史辨派的疑古論〉（《中山大學學報》，一九五六年第四期，頁七十六）中亦被提出強調。」直到一九七〇年代，我們看到顧頡剛在日記上補寫了一段話：「看此段文字，知我那時引為學術上之導師的，是王國維，不是胡適，而數十年來，人多詆我為『胡適門徒』，則以《胡適文存》銷行之廣，絕非《觀堂集林》可比也。胡適利用我能為彼搜集資料，以此捧我，又給我以生活費，使我甘心為他使用，與朱家驊之百般接近我，以金錢為餌，同為政治手段。此種手段，只能買我一時，絕不能買我永久。至於我之心儀王國維，則是我一生的不變看法。我之成績不及彼，則是時代動盪所構成，非……」。這些完全是違心之論，讀者不可不辨。

可見在當時的政治風潮不劃清與胡適的關係，或不對胡適思想批判的話，只有讓別人來批判你了。我們對此

胡適

情況，必須有「同情的了解」。顧潮後來指出，「儘管這場『批判胡適思想』的運動，『對學術界傳統的研究方法、學術思想和思維方式（也即『資產階級的唯心主義』）作了摧毀性的批判』，但其『旨在改變時代的風氣』（陸鍵東：《陳寅恪的最後二十年》），讓資產階級知識分子，夾起尾巴改造自已而已，故父親也就得以過關。」

　　顧頡剛在一九七三年六月三十日重看他五十年前的日記，寫下了這段話：「此冊為我三十歲日記，在我夫婦的多病的身體條件下，在我家庭矛盾的高度發展下，在社會各界的多方拉攏下，在遷家運書的不安定生活下，我的考辨古史的體系竟得在這時建立起來，為我一生學術工作打好基礎，真是千難萬難的事，覽此駭痛。此值得保存的一冊，後人幸勿輕棄，是所望也。」顧頡剛對他的日記是十分看重的，確實從這半個多世紀的生活實錄，我們除了看到一位謹厚寧靜的恂恂學者，為了學術奮鬥不息的身影；也看到了時代風雲詭譎、翻天地覆的面影。《顧頡剛日記》為我們留下了太多寶貴的資料，最後用他的話說：「後人幸勿輕棄，是所望也。」

重審愛情的潘朵拉

——凌叔華與林徽音的「奪寶記」

一九三一年十一月二十日的《北平晨報》報導中說：「十九日午後二時，中國航空公司飛機由京飛平，飛行至濟南城南三十里黨家莊，因天雨霧大，誤觸開山山頂，當即墜落山下。本報記者親往調查，見機身全焚毀，僅餘空架。乘客一人，司機二人，全被燒死，血肉焦黑，莫可辨認。郵件被焚後，郵票灰彷彿可見，慘狀不忍睹。遇難司機為王冠一、梁璧堂，乘客為中國航空公司總經理之友。……」

報導中殉難的乘客就是詩人徐志摩，英年早逝的徐志摩，他留與人間一卷詩，也留與人間一段情。當噩耗傳到陸小曼耳中時，她感到「天垮了，地陷了，世界進入一片黑暗」。而林徽音在得知消息後，也兩眼發黑，雙腿一下軟了下來。然後她和丈夫梁思成流著淚，編了個小花圈，中間嵌著志摩的照片，敬悼於志摩的靈前。至於前妻張幼儀，在聽到噩耗時，她對兒子徐積鍇說：

徐志摩

「你爸爸上天了，快隨你舅舅去接靈吧！」。而才女凌叔華也沒有忘記他，她在〈志摩真的不回來了嗎？〉文中說道：「志摩，你真的死了嗎？誰會相信像你這樣一個有生氣的人會死了的。得到這消息時，我就不信，可是問了幾處，都答說是真的，回電已證明了。可是我仍然不相信，我騙自己說，『也許這孩子覺得日子太平凡了，存心弄點玄虛來嚇一嚇他的朋友吧！再說，他哪裡像會死的人呢？』」「我就不信，志摩，像你這樣一個人肯在這時候撇下我們走了的。平空飛落下來，解脫得這般輕靈，直像一朵紅山棉（南方叫英雄花）辭了枝杈，這在死的各色方法中，也許你會選擇這一個，可是，不該是這時候！莫非你（我在騙不過自己時，也曾這樣胡想）在雲端裡真的遇到了上帝，那個我們不肯承認他是萬能主宰的慈善光棍，他要拉你回去，你卻因為不忍甩下我們這群等待屠宰的羔羊，凡心一動，像久米仙人那樣跌落下來了？我猜對了吧，志摩？」。在同一時間裡，四

個女人在為他「唱悲傷的歌」，為何如此，只為志摩曾經有過的深情，他是「愛」，是「暖」，是「希望」，是「人間四月天」！

徐志摩的猝逝，他的生前好友為他在各地舉辦了追悼會，其中以北平和上海兩處規模最大。追悼之餘，由胡適領頭，組成編輯委員會，擬將徐志摩已發表的作品和未發表的手稿、書信、日記全部蒐集，編成《徐志摩全集》，以盡對亡友的責任。這在同年十二月五日沈從文給王際真的信中就提到：「朋友們在預備印行他的信裡，選出一些使活人看來不至於紅臉的信，印出一部分，一面紀念他的死，一面或者對於此後生活毫無依歸的小曼，稍有補助。志摩活時是一個喜歡寫信的人，你處若還有他的信件，可以找出來寄給我。這些信件，照我意思主張將來由一個人保管（我以為叔華最適宜於作這件事），等大家都死後再印，可不知這事情結果怎麼樣。」

何以是由凌叔華來保管呢？原來徐志摩曾經追求過凌叔華，凌叔華可說是

凌叔華

徐志摩的「紅粉知己」。這在徐志摩一九二三、二四年間寫給凌叔華的信（後來經凌叔華曾發表在《武漢日報》的《現代文藝》上，但收信者名字卻塗掉）中，可看出端倪。徐志摩日後曾對陸小曼說「女友裡叔華是我一個同志」，意思是她是那種能瞭解他「靈魂的想望」和「真的志願」的朋友。凌叔華也不只一次說過，志摩與她情同手足，他的私事也坦白相告。志摩寫信時，是把凌叔華作為「一個真能體會，真能容忍，而且真能融化的朋友」，因此可以沒有顧慮地坦露自己，「頂自然，也頂自由，這真是幸福」。志摩說他寫的是些「半瘋半夢」的話，「但我相信倒是瘋話裡有『性情之真』」，還真是「此地無銀三百兩」！因此學者梁錫華就指出，「從年月可見，徐志摩寫這些親暱到近乎情書的私柬給凌叔華，是在失落了林徽音而尚未認識陸小曼的那段日子，也就是他在感情上最空虛、最傷痛、最需要填補的時候。巧得很，妍慧多才的凌叔華近在眼前而又屬雲英未嫁，所以徐志摩動情並向她試圖用情，是自然不過的。」

基於對凌叔華的信任，一九二五年三月，徐志摩決定歐遊時（案：除赴泰戈爾之約，更重要的是為他與陸小曼的緋聞，而去躲避風頭的），臨行之前他把一個裝有「天堂和地獄」案的小皮箱交給凌叔華保管。這小皮箱就是後來大家通稱的「八寶箱」。箱子放有什麼東西？據推測有徐志摩的書信及平時他隨手寫下的一些散文或詩歌的手稿，最重要的有兩本英文日記，那是一九二一、二二年間他在英倫和林徽音相戀的日記，通稱Cambridge（康橋）日記。據林徽音給胡適的信中談及還有《雪池時代日記》（案：那是一九二二年十一月徐志摩回到北京，到景山西街雪池胡同苦追林徽音不得的失戀日記）。

一九二五年七月底，徐志摩歐遊歸來，他與陸小曼的感情熱度並沒有遞減，反而急驟升溫，徐志摩下定決心，不管有多少阻攔，他都要爭取這番戀愛的成功，不久雙方各順利解除婚約，徐、陸兩人終於在一九二六年八月十日，也就是陰曆的七夕情人節，訂婚了，緊接著在十月三日陰曆的孔子誕辰日，他們在北京北海董事會舉行婚禮。此時徐志摩忙得無暇顧及那個存放在凌叔華那裡的「八寶箱」。到了婚後，他們移居浙江硤石及上海後，又顧及到箱子裡有不宜陸小曼看到的日記、書信等，因此徐志摩也就沒有急著把箱子索回。而在這段期間凌叔華也經歷了與陳西瀅結婚等人生大事（一九二六年七月）及後來（一九二七年十月）又與夫婿同赴日本旅居的景況，「八寶箱」就一直存放在凌叔華北京的家中。

陸小曼送給胡適的照片

一九二八年六月，徐志摩再度歐遊（此次是由於婚後生活的窒息，他渴望借此旅行來激發久已枯澀的詩情，也同時希望因此「小別」能讓與小曼的情愛「勝新

陳西瀅與凌叔華

婚」。），十二月他回到北京探望老師梁啟超的病，他見著很多舊日的朋友，但此時凌叔華與陳西瀅已從日本返國，並在兩個月前與陳西瀅（同年十月，陳西瀅應聘出任武漢大學文學院院長）移家武昌，因此徐志摩此行並未見著凌叔華，人在武昌的凌叔華顯然沒有機會將「八寶箱」，當面交與徐志摩。因此才有後來（一九三一年十二月十日）她給胡適的信中說：「我去日本時，他也不要，後來我去武昌交與之琳，才算物歸原主。」之句。

凌叔華說她透過卞之琳，將「八寶箱」轉交給徐志摩。為此徐志摩的學生趙家璧在八〇年代曾寫信問過卞之琳，據卞之琳的回信說：「凌叔華致胡適信，說曾把徐『文字因緣箱』交與我，是她記錯了，我從未聞此事，不知她究竟交給了誰。」筆者就時間推論，一九二八年十月凌叔華離京之前，卞之琳還在上海私立浦東中學唸高中，直到一九二九年夏天，他才考入北京大學英文系。而認識徐志摩則更晚了，那要等到一九三一年初徐志摩到北大教英詩及翻譯課時，卞之琳呈上習作請徐志摩指教，徐志摩將卞詩帶回上海，跟沈從文一起讀，並把卞詩發表在上海的新月《詩刊》及南京的《創作月刊》、《文藝月刊》上，這都是後來的事。因此凌叔華不可能將如此重要的「八寶箱」交予一個從未與徐志摩謀面的人，這也難怪卞之琳在一九九四年一月十五日的《文匯讀書周報》上發表了長文，認為凌叔華的種種說法，是一筆糊塗帳。

但徐志摩在此確實將箱子取走了，我們看一九二八年十二月十三日他給小曼的信中說：「車誤了三個鐘點，到京已晚十一時，老金（案：金岳霖）、麗琳（案：老金的美國女友Lilian Tailor）、瞿菊農，都

來站接我；……老金他們已遷入叔華的私產那所小洋屋，和她娘分住兩廂，中間公用一個客廳。初進廳老金就打哈哈，原來新月社那方大地毯，現在他家美美的鋪著哪。……麗琳還是那舊精神，開口難麼閉口面的有趣。」。在凌家住了一晚後，第二天徐志摩便到協和醫院去看梁任公的病，他見到梁思成與林徽音（案：兩人於三月二十一日在加拿大溫哥華結婚，婚後赴歐洲參觀古建築，然後取道西伯利亞，於八月十八日回京。）由於新婚燕爾，林徽音「風度無改，渦媚猶圓，談鋒尤健，興致亦豪：且亦能吸煙卷喝啤酒矣！」。據一九三二年元旦林徽音給胡適的信中說：「……此箱偏偏又是當日志摩曾寄存她（案：指凌叔華）的一個箱子，曾被她私開過的。（此句話志摩曾親語我。他自叔華老太太處取回箱時，亦大喊『我鎖的，如何開了，這是我最要緊的文件箱，如何無鎖，怪事——』又『太奇怪，許多東西不見了，missing』，旁有思成，Lilian Tailor及我三人。）」。因此可以

1928年3月林徽音
梁思成新婚時

推定徐志摩是從麗琳處取回箱子，凌叔華的「交與之琳，才算物歸原主」，恐是「麗琳」的筆誤罷，況且老金、麗琳與凌叔華、徐志摩都熟，現在又住在凌叔華家，由其轉交是最自然不過的。總之，此事與卞之琳是八竿子打不著的事，而「八寶箱」在一九二八年十二月中重回徐志摩的手中。

　　至於後來「八寶箱」怎會又在凌叔華的手中呢？那是兩年多以後的事了。一九三一年六月十一日徐志摩從上海到北京，據他給小曼的信說：「……第一看奚若，第二看麗琳、叔華（案：凌叔華已離開武昌回到北京任北京古物陳列所專門委員）。叔華長胖了好些，說是個有孩子的母親，可以相信了。」六月十二日，凌叔華和徐志摩、羅隆基、沈從文等一同去看望在香山養病的林徽音。六月十三日，中午凌叔華請徐志摩等吃鰣魚蜜酒。六月十四日，在陳衡哲家吃飯有凌叔華、冰心、楊振聲、沈性仁等人。六月十六日晚在北海聚會，有楊振聲、鄧以蟄、凌叔華、沈性仁，徐志摩說「風光的美，不言可喻」。六月二十五日給小曼的信說：「我這人大約一生就為朋友忙！來此兩星期，說也慚愧，除了考試改卷算是天大正事，此外都是朋友，永遠是朋友。楊振聲忙了我不少時間，叔華、從文又忙了我不少時間，……」。

　　在他與沈從文的接觸其間，兩人很可能相約各自為對方寫小說，因為後來徐志摩以沈從文和丁玲、胡也頻的故事寫了一篇〈璫女士〉，發表在九月份的《新月》雜誌上，當然沈從文也有意以徐志摩為原型寫成小說，因此凌叔華在同年十二月十日給胡適的信中說：「今年夏天從文答應給他寫小說，所以他把他天堂地獄的『案件』帶來與他看，我也聽他提過（從前他去歐時已給我看過，解說甚詳，也

叫我萬一他不回來為他寫小說），……」。徐志摩是把「八寶箱」提來
要給沈從文看。沈從文在同年十二月十二日給胡適的信中就説：「八
月間我離開北平以前（案：徐志摩、胡適向青島大學校長楊振聲推薦沈從
文到該校擔任教職，因此沈從文於八月上旬離開北京去青島。），在你樓
上（案：當時徐志摩住胡適家）我同他談到他的故事很久，他當時説到
最適宜於保管他案件的人，是不甚説話的叔華。他一定有他的苦心。
因為當時還同我説到，等他老後，等我們都老一點後，預備用我老後
的精力，寫他年青的故事，可以參考他百寶箱的一切。所以我到青島
後，他來信還説已經把百寶箱帶來了，等將來到北京看。」但沈從文
後來是否看過不得而知，但徐志摩是再次把「八寶箱」交給凌叔華保
管這件事是沒錯的。

　　只是這次「八寶箱」中的東西是與第一次有所不同，其中原本的
《雪池時代日記》在輾轉於硤石老家及上海的中間，為陸小曼所見，
被陸小曼給燒了。據林徽音一九三二年元旦給胡適的信中説：「整三
年前，他北來時，他向我訴説他訂婚結婚經過，講到小曼看到他的
《雪池時代日記》不高興極了，把它燒了的話，當時也説過：不過我
尚存下我的《康橋日記》。」而新放入箱子的有陸小曼的日記（案：
陸小曼説一本，而凌叔華説兩本），那是寫於一九二五年徐志摩第一次
歐遊之後，因此肯定不會是在徐志摩歐遊前交給凌叔華箱子前放進去
的。還有徐志摩一九二五年由歐洲返國途中所寫的幾篇稿件、徐志摩
寫於一九二五年及一九二六年的兩本日記──《愛眉小札》和《眉軒
瑣語》。而據後來林徽音從胡適那裡（案：徐志摩死後，胡適向凌叔華
施壓而拿到的）拿到箱子後，打開看的結果是：「十一月二十八日星期

六晨，由您處拿到一堆日記簿（有滿的一本，有幾行的數本，皆中文，有小曼的兩本，一大一小，後交叔華由您負責取回的），有兩本英文日記，即所謂Cambridge日記者一本，乃從July31，1921起。次本從Dec. 2（同年）起始，至回國止者，又有一小本英文為志摩一九二五在意大利寫的。此外幾包晨副原稿，兩包晨副零張雜紙，空本子小相片，兩把扇面，零零星星紙片，住址本。」

　　一九八三年五月七日，旅居英倫的凌叔華覆信給徐志摩的表妹夫陳從周說：「……至於志摩墜機後，由適之出面要我把志摩箱子交出，他說要為志摩整理出書紀念。我因想到箱內有小曼私人日記兩本，也有志摩英文日記二、三本，他既然說過不要隨便給人看，他信託我，所以交我代存，並且重託過我為他寫『傳記』。為了這些原因，同時我知道如我交胡適，他那邊天天有朋友去談志摩事，這些日記，恐將滋事生非了。因為小曼日記內（兩本）也常記一些是是非非，且對人名也不包含，想到這一點，我回信給胡適說，我只能將八寶箱交給他，要求他送給小曼。以後他真的拿走了，但在適之日記上，仍寫志摩日記有兩本存凌叔華處。……這冤枉足足放在我身上四、五十年，至今方發現……」。從一些書信得知，胡適在第一時間（十一月二十七日）從凌叔華處取得了箱子，打開後並拿出或放入一些信件，然後在十一月二十八日晨交予了林徽音。林徽音在後來給胡適的信中就說：「那天在您處僅留一小時，理詩刊稿子，無暇細看箱內零本，所以一起將箱帶回細看，此箱內物是您放入的，我絲毫未動，我更知道此箱裝的不是志摩平日原來的那些東西，而是在您將所有信件分人分類撿出後，單單將以上那些本子、紙包子聚成這一箱的。」

　　至於胡適從箱子裏拿出那些東西，我們從一九九四年十二月黃山書社所出版的四十二冊《胡適遺稿及秘藏書信》中，可得知那些收信人為徐志摩的大半書信，該是箱子裡的舊物，計有：一九二八年十二月四日沈從文致徐志摩信一通（收入《胡適遺稿及秘藏書信》第二十七冊），一九三一年六月八日保君建致徐志摩信一通（收入《胡適遺稿及秘藏書信》第三十冊），梁啟超致徐志摩信二通，梁啟超寫贈徐志摩〈飲冰室讀書記〉十頁（案：梁啟超病逝於一九二九年一月十九日），（收入《胡適遺稿及秘藏書信》第三十三冊），一九三一年六月十六日陸小曼致徐志摩信一通（收入《胡適遺稿及秘藏書信》第三十四冊）一九二九年五月十三日蔣復璁致徐志摩信一通（收入《胡適遺稿及秘藏書信》第三十九冊），一九三一年五月二十日羅隆基致徐志摩信一通（收入《胡適遺稿及秘藏書信》第四十一冊）。還有因為一九三一年夏秋間箱子存放在凌叔華處，有一九三一年十一月十三日（案：徐志摩遇難的前六天）沈從文致徐志摩的信一通（收入《胡適遺稿及秘藏書信》第二十七冊），一九三一年十一月十一日及其後的陸小曼致徐志摩信二通（收入《胡適遺稿及秘藏書信》第三十四冊），當時因徐志摩住在胡適家中，因此遇難後，這些信札並沒有放入「八寶箱」中，就直接為胡適所收存了。至於《胡適遺稿及秘藏書信》第三十二冊，還有一九二六年十月十三日及同年十一月二十二日徐志摩致張慰慈信二通及一九二六年十月二十五日徐志摩致張慰慈、夢綠信一通，一九三一年十月二十六日徐志摩致李唯建信一通，則有可能是胡適在徐志摩亡故後，為編書信集，而從當事人手中徵集得來的信函。

一九三一年十二月六日在徐志摩的追悼會上，胡適就提到要將徐志摩的書信收集出版，這個主意提醒了凌叔華，因為她手上原有許多徐志摩的信，她想再蒐集一些，由她來編輯出版，因此在第二天她就到林徽音家，據林徽音次年元旦給胡適的信說：

> 追悼志摩的第二天（十二月七日）叔華來到我家向我要點志摩給我的信，由她編輯，成一種《志摩信札》之類的東西，我告訴她舊信全在天津，百分之九十為英文，怕一時拿不出來，拿出來也不能印，我告訴她我拿到有好幾本日記，並請她看一遍大概是什麼，並告訴她，當時您有要交給大雨（案：孫大雨，徐志摩的學生）的意思，我有點兒不贊成。你竟然將全堆「日記類的東西」都交我，我又embarrassed卻又不敢負您的那種trust——您要我看一遍編個目錄——所以我看東西絕對的impersonal帶上歷史考據眼光。Interesting only in事實的輾進變化，忘卻誰是誰。
>
> 最後我向她要公超所看到的志摩日記（案：據林徽音信中言凌叔華在十一月二十六日，開如何追悼志摩的討論會的那一晚，約葉公超去看志摩的《康橋日記》），——我自然作為她不會說「沒有」的可能說法，公超既已看到。我說：聽說你有志摩的《康橋日記》在你處，可否讓我看看等等。她停了一停說可以。
>
> 我問她：「你處有幾本？兩本麼？」
>
> 她說：「兩——本」，聲音拖慢，說後極不高興。

　　　我問：「兩本是一對麼？」未待答，「是否與這兩本
（指我處《康橋日記》兩本）相同的封皮？」

　　　她含糊應了些話，似乎說「是！不是，說不清」等，
「似乎一本是──」，現在我是絕對記不清這個答案（這句話
待考）。因為當時問此話時，她的神色極不高興，我大窘。

　　凌叔華原本興沖沖地要去徵集志摩的書信的，沒想到林徽音不
但不給她志摩的信，還因十天前由於胡適之助，而得到徐志摩的「八
寶箱」，並要求看已被凌叔華從「八寶箱」拿出後自己私藏的部分
《康橋日記》，林徽音得了便宜又賣乖，凌叔華當然不會給她好臉色
看的。或許是因為太想得到《康橋日記》，或許為了讓凌叔華心理
平衡點，她讓凌叔華帶走陸小曼的兩冊日記。這在後來林徽音給胡適
的信中有說：「有小曼的兩本，一大一小，後交叔華由您負責取回」
及「又說小曼日記兩本，她拿去也不想還等等。」的字句。在凌叔華
臨走前，林徽音說要到凌叔華家取《康橋日記》，凌叔華說她下午不
在，林徽音說她本想同凌叔華回去，但卻又不敢開口，於是約定星期
三（十二月九日）派人到凌叔華家取。

　　十二月九日上午十一時半，林徽音親自到凌叔華家，凌叔華不
在，只留了一封信，說：「昨遍找志摩日記不得，後檢自己當年日
記，乃知志摩交我仍三本：兩小，一大，小者即在君處箱內，閱完放
入的。大的一本（滿寫的）未閱完，想來在字畫箱內（因友人物多，加
意保全），因三四年中四方奔走，家中書物皆堆疊成山，甚少機緣重
為整理，日間得閒當細檢一下，必可找出來閱。此兩日內，人事煩

117

擾，大約須此星期底才有空翻尋也。」林徽音知道凌叔華是有意躲著她，不願將日記交出，林徽音把這字條交給胡適看了。而當天林徽音也留下字條，説日記中有關自己的部分，所以迫切讀到，希望凌叔華能夠體諒。

　　十二月十日凌叔華給胡適寫信，信中説：「昨日起，知道説也太遲了，不過我想還是説了舒服些。……現在木已成舟，也不必説了。只是我覺得我沒有早想到説出，有點對志摩不住。現在從文信上又提到『志摩説過叔華是最適宜料理『案件』的人』，我心裏很難過，可是沒有辦法了，因為説也是白説，東西已經看了。」信中雖有強調「箱內有小曼初戀時日記二本，牽涉是非不少（罵徽音最多），這正如從前不宜給小曼看一樣不妥」的原因，但凌叔華沒想到她原本是遺物的保管人，如今卻落得空無一物，她有些不甘，她寫這信是在試探胡適對此事的態度。胡適如何回應，目前無從知曉，但他是比較偏向林徽音的，因此他才會把箱子交給林徽音。但支持凌叔華的自始自終有沈從文，除了十二月五日給王際真的信中提到該交由凌叔華保管外，十二月十二日他給胡適的信也反對這「八寶箱」交給林徽音，他説：「其中我似乎聽到説過有小曼日記，更不宜給徽音看，使一個活人，從某一些死者文件上，發現一些不應當發現的東西，對於活人只多惆悵，所以我盼望我説這話時間還不過遲。若一切已全給了她，那羊已走去，補牢也不必了。」

　　凌叔華沒有得到胡適的支持，而她手中握有《康橋日記》，葉公超都看過，再不拿出來恐怕説不過去。因此十二月十四日星期一，凌叔華便將日記送到林徽音家，恰巧林徽音不在家，凌叔華也留了個字

條說，「怕你急，趕早送來」的話。林徽音收到128頁的半本日記（始自一九二〇年十一月十七日），發現與自己手上的志摩日記銜接不上，這半本日記的最後一句是「計劃很糟」，「正巧斷在剛要遇到我的前一兩日」，也就是這後面還缺了一大段。林徽音當時是氣急敗壞的，後來她又去找胡適求助，於是胡適在十二月二十八日寫信給凌叔華說：「昨始知你送在徽音處的志摩日記只有半冊，我想你一定是把那一冊半留下作傳記或小說材料了。但我細想，這個辦法不很好。其中流弊正多。第一，材料分散，不便研究。第二，一人所藏成為私有秘寶，則餘人所藏也有各成為私有秘寶的危險。第三，朋友之中會因此發生意見，實為最人不幸，決非死友所樂意。第四，你藏有此兩冊日記，一般朋友都知道。我是知道的。公超與孟和夫婦皆知道，徽音是你親自告訴她的。所以我上星期編的遺著略目，就註明你處存兩冊日記。昨天有人問我，我就說，『叔華送來了一大包大概小曼和志摩的日記都在那裏，我還沒有打開看。』所以我今天寫這信給你，請你把那兩冊日記交給我，我把這幾冊英文日記全付打字人打成三個副本，將來我可以把一份全的留給你做傳記全材料。如此則一切遺留材料都有副本，不怕散失，不怕藏秘，做傳記的人就容易了，請你給我一個回信。倘能把日記交來人帶回，那就更好了。」

　　胡適的話說得委婉而有力，處處都替凌叔華設想到，但又處處進逼，讓凌叔華無法回絕。凌叔華接信後當有立即向胡適回應，因此胡適也向林徽音要求解釋，如此才有一九三二年元旦，林徽音下午及晚上一連寫了兩封長信給胡適的舉動，在晚上的那封信中有「……我為人直爽性急，最恨人家小氣曲折說瞎話。此次因為叔華瞎說，簡直氣

糊塗了。……女人小氣雖常有事，像她這種有相當學問知名的人也該學點大方才好。現在無論日記是誰裁去的，當中一段缺了是事實，她沒有坦白的說明以前，對那幾句瞎話沒有相當解釋以前，她永有嫌疑的。（志摩自己不會撕的，小曼尚在可問。）關於我想著那段日記，想也是女人小氣處或好奇處、多事處，不過這心理太human了，我也不覺得慚愧。實說，我也不會以詩人的美諛為榮，也不會以被人戀愛為辱。我永是『我』，被詩人恭維了也不會增美增能，有過一段不幸的曲折的舊歷史，也沒有什麼可羞慚。（我只是要讀讀那日記，給我是種滿足，好奇心滿足，回味這古怪的世事，紀念老朋友而已。）……」。林徽音說她急著要《康橋日記》（完整的），只是要回味那些往事，她把話說得很輕鬆，其實是因為那有著她和徐志摩的私情，她不願這日記落到別人手中，加上「大半年前志摩和我談到我們英國一段事，說到他的《康橋日記》仍存在，回硤石時可找出給我看。如果我肯要，他要給我，因為他知道我留有他當時的舊信，他覺得可收藏在一起。」的緣故。

　　胡適從林徽音的信中暸解事情的原委後，他再次向凌叔華要求交出徐志摩的英文日記。之後，胡適到了南方去了一段時間，回到北京後他收到凌叔華送來的日記，胡適在一九三二年一月二十二日的日記中說：「為了志摩的半冊日記，北京鬧的滿城風雨，鬧的我在南方也不能安寧。今天日記到了我的手中，我匆匆讀了，才知道此中果有文章。我查此半冊的後幅仍有截去的四頁。我真有點生氣了。勉強忍下去，寫信去討這些脫頁，不知有效否。後面是今早還日記的原書。這位小姐到今天還不認錯！」。胡適的日記粘貼著凌叔華歸還日記的信：

適之：

　　外本璧還，包紙及繩仍舊樣，望查收。此事以後希望能如一朵烏雲飛過清溪，彼此不留影子才好，否則怎樣對得住那個愛和諧的長眠人！

　　你說我記憶不好，我也承認，不過不是這一次。這一次明明是一個像平常毫不用準備的人，說出話（即偶然說一二句前後不相呼應的話，也為見好於人而已），行出事，也如平常一樣，卻不知旁人是有心立意的觀察指摘。這備與未備分別大得很呢。算了，只當我今年流年不利吧了。……。

　　胡適得到凌叔華送來的《康橋日記》，無疑地轉給了林徽音。林徽音在這之後的一封給胡適的信中說：「……甚想在最近期間能夠一晤談，將志摩幾本日記總括籌個辦法。……據我意見看來，此幾本日記英文原文並不算好，年青得利害，將來與他『整傳』大有補助處固甚多，單印出來在英文文學上價值並不太多（至少在我看到那兩本中，文字比他後來的作品書札，差得很遠），並且關係人個個都活著，也極不便，一時只是收儲保存問題，志摩作品中詩已差不多全印出，散文和信札大概是目前最緊要問題，不知近來有人辦理此事否？『傳』不『傳』的，我相信志摩的可愛的人格永遠會在人們記憶裏發亮的，暫時也沒有趕緊必要。至多慢慢搜集材料為將來的方便而已。」

　　林徽音在信中明白地表示這些日記，在當時是不宜出版的，也不急著用這些材料作傳，目前「只是收儲保存」。後來徐志摩的學生趙家璧，談到這批日記的去向時，說：「但據陳從周說，後由林徽音

保管。」而卞之琳在晚年也說：「我一九八二年為一卷本《徐志摩選集》寫序，僅就聽說林徽音當年爭到的一部分而言，說過物隨人非（她於一九五五年病逝），確知在『文化大革命』時期終於消失了，倒並不是出於紅衛兵的打、砸、搶。這是我當時特向金岳霖打聽到的下落。」卞之琳的話說得很含蓄，但可以肯定的是這「愛情的潘朵拉」，一直保留在林徽音的手中，直到她過世後，確是「有人有意」讓它消失於人間了。

陸小曼在為徐志摩編全集時，就不無幽怨地說：「其他日記（即除了已編輯出版的《西湖記》、《愛眉小札》、《眉軒瑣語》等之外）倒還有幾本，可惜不在我處，別人不肯拿出來，我也沒有辦法，不然倒可以比這幾本精彩很多。」而與陸小曼合編《徐志摩全集》的趙家璧也說：「小曼當時就告訴我，有幾本志摩的和她自己的日記留在北平的凌叔華和林徽音處，應設法弄到，以便編入全集。」

陸小曼

　　梁實秋在〈談徐志摩〉一文中，說
過一些關於《徐志摩全集》難產的原
因，他說：「聽說，志摩有一堆文字在
林徽音手裡，又有一大堆在另外一位手
裡，兩方面都拒不肯交出，因此《全
集》的事延擱下來。我不知道這傳說是
否正確，總之，《志摩全集》沒有印出
來，凡是他的朋友都要一份責任。」

　　後來《徐志摩全集》雖然印出來
了，而且還有兩、三套之多，但這「愛
情潘朵拉」，是永遠付之闕如，人間蒸
發了。

陸小曼

天高情已遠

——袁昌英與徐志摩的一段情

當年一齣電視連續劇《人間四月天》讓徐志摩的情史廣為人知，也捧紅了林徽音、張幼儀等人，林徽音的文集、張幼儀的回憶錄跟著大賣，不能不說是拜電視劇之賜。然而在徐志摩的情人中，還有凌叔華、袁昌英，前者有書信為證，慢慢已為人所熟知；後者則殊少人提及。筆者在二〇〇七年九月底於北京和袁昌英的女兒八十五歲高齡的楊靜遠女士聊到此事，楊女士在十月份出版的《萬象》雜誌也有文章說明。

在現代女作家中，袁昌英無疑是屬相當早期的，她比蘇雪林大三歲，比冰心大六歲，比凌叔華大七歲，比丁玲大十歲。一八九四年十月十一日，她生於湖南醴陵農村的一個鄉紳家庭。父親袁家普（雪安）是一位思想先進的飽學之士，畢業於日本早稻田大學，曾任民國大學代理校長。一九一二年至一九三一年，曾任雲南、湖南、山東、安徽等地的財政廳長，是一位在政界有影響的

袁昌英

人物；而母親卻是一位農村婦女，一生養了四個女兒，袁昌英是老大，三個妹妹都不幸夭亡，她成了家中唯一的女兒。由於生不出男孩，母親是在親戚鄰里的白眼和恥笑聲中鬱鬱而死的。那種重男輕女的重壓，在袁昌英幼小的心靈，卻深深感覺到了。母親的不幸，直接影響了這位孤女，她奮發自強，要為婦女爭光的思想一天天形成。父親對女兒的教育極為重視，袁昌英也因此在幼年的私塾中，就打下了深厚的國學基礎。接著父親又送她到長沙、上海等地讀書。一九一六年她畢業於上海中西女塾。然後父親自費送她到英國留學，一去五年。先就讀於倫敦Black heath中學，一九一八～一九二一年就讀於蘇格蘭愛丁堡大學，為該校攻讀英國與歐洲文學的第一位中國女生，她主修古典與近代戲劇。一九二一年七月，她以莎士比亞名劇《哈姆雷特》的論文榮獲文學碩士學位。她是中國女生在英國獲文學碩士的第一人。而早在一九二○年她在英國發表〈論女子留學的必要〉一文，

刊載於《太平洋雜誌》第二卷第八期，呼應「五四」運動倡導婦女解放的呼聲。

在英期間，她認識了中國留學生楊端六、周鯁生、李四光、張奚若、皮宗石、陳西瀅、徐志摩等人。楊端六是湖南省長沙縣人，一八八五年六月十八日生。原名楊勉，因生於端午節後一天，母親給他取了個小名「端六」。年長後為了懷念母親，竟以此為大名。一九〇〇年祖父、父親相繼去世，家無恆產，考入著名經學家皮錫瑞主持的善化學堂，次年轉入完全免費的湖南師範館，在舊學和新學兩方面打下良好基礎。師範館畢業後，在長沙、瀏陽鄉村任教。一九〇六年赴日留學，先就讀於弘文書院學習中學現代課程和外語，一九〇八年得以補為官費生，便考入東京正則英語學校，後轉入東京第一高等學校、岡山第六高等學校。這時，他與同學皮宗石等加入了同盟會。辛亥革命爆發，他和同盟會留日學生趕回國，在上海從事革命活動。後回到長沙任《長沙時報》撰述。不久又到漢口，受宋教仁之託，與皮宗石、周鯁生等創辦《民國日報》，任報社總經理，竭力宣傳共和，反對帝制，反對袁世凱，以致報社一些主要成員被逮捕。他脫逃至上海，得黃興資助，他和周、皮等人均取得一項公費，於一九一三年初到達英國，入英國倫敦大學，在國際著名的政治經濟學院學習貨幣銀行專業。袁昌英很敬佩楊端六，他們情投意合，很快就訂了婚。五四運動時期，楊端六到巴黎與正在攻讀博士學位的老同學王世杰、周鯁生、皮宗石等會合，向中國代表團請願，迫使中國代表拒絕在巴黎和會上簽字，取得了這次運動的勝利。而一九二〇年五月，楊端六先行回國了，在上海商務印書館編譯所任編譯，並參與《東方雜誌》的編

輯工作。並在上海吳淞中國公學兼經濟學、會計學教授。袁昌英則在一九二一年獲得碩士學位後才返國。

　　返國前袁昌英曾應徐志摩之邀，到他離康橋六英里的鄉下——沙士頓的家裡作客。張幼儀在回憶錄《小腳與西服》中說：「有天早上，徐志摩對我宣布：『今天晚上家裡要來個客人，她是從愛丁堡大學來的一個朋友，我要帶她到康橋逛逛，然後帶她回來和我一道吃晚飯。』……我那一整天都在打掃、買菜、準備晚飯。你知道我腦子裡有什麼念頭嗎？我以為我要和徐志摩準備娶來當二太太的女朋友見面了。……我那一整天都面臨著徐志摩女朋友的威脅，她正在英國一所大學讀書，所以比我有學問多了。我料想她會講流利的英文，也可能和徐志摩一樣雅好文學。那她家人是誰？是哪個地方人？他們認識誰？她兄弟又是何許人？」註1張幼儀原先是把袁昌英誤為是徐志摩的女朋友，但徐志摩實際的女朋友是林徽音，後來她才發覺不是而改稱袁昌英為「明姑娘」，然而她為「小腳與西服」的理論，而把袁昌英描寫為穿著繡花鞋的小腳，就有些違乎實情了。張幼儀在回憶錄中說：「我順著她那穿著長襪的兩條腿往下看，在瞧見她雙腳的時候，驚訝得透不過氣來，那是雙擠在兩隻中國繡花鞋裡的小腳。原來這新式女子裹了腳！」據袁昌英的女兒楊靜遠女士表示她母親不是小腳，而是小時纏過腳而後來又解開的「解放足」註2。而據袁昌英的好友蘇雪林女士在〈記袁昌英女士〉文中說：「那可是一位典型的英國式『淑女』了。聽說英國上流社會最講究禮貌，所以我們的昌英女士禮貌頗為周到，儀容的整飭更為注意，頭髮梳得一根不亂，衣服熨得平平正正，不容有一絲皺痕。有時候，她似乎想拿儀容之整飭與否判定

人品之高下，這就苦了我這個不修邊幅的人了。」由此觀之，袁昌英不可能上著衣裙、穿著長襪、再穿繡花鞋，那是不合講究穿著的袁昌英的審美觀的。

至於袁昌英當時對徐志摩是否有愛慕的情愫？女兒楊靜遠女士說：「我估摸，我母親同徐志摩的友情，確乎超越一般文友間的泛泛之交。她的朋友很多，但幾十年間，她絕口不提徐的名字。在戰前珞珈山她的書架上，我見到並讀過《渦提孩》一書，卻不知那是徐的譯作。在抗戰期間的樂山，有一次她為了開導我，以身作則地說起在英國時，曾因演戲而與某人發生過一段感情，後來她自己以理智和意志加以制服了。那人是誰，她沒有說，我也沒問，但絕沒有往徐志摩那兒猜想。直到近年，在《徐志摩傳》上看到，泰戈爾一九二四年訪華時，在北平，由徐志摩、林徽音主持並飾演泰氏的劇作《齊德拉》，袁也參與飾演了一個角色。這使我想到，在英國，為演戲而發生戀情的，除徐志摩還能有誰？」[註3]。

袁、楊兩人在回國後結了婚，那是一九二一年十月二十三日在上海舉行的婚禮，當時袁昌英二十七歲，而楊端六已三十六歲了。次日《申報》有〈楊端六袁昌英之結婚美談〉之報導：「楊端六君與袁昌英女士昨日下午四時舉行結婚典禮於一品香。袁女士文學造詣極深，為我國畢業於英國愛丁堡大學之第一女學士，與楊君同籍湖南，同學英倫，為朋友者七八年，愛好既篤，締為佳偶。證婚者為楊君之總角交周鯁生博士。主婚者楊袁二老太太，對此佳婦快婿，喜溢眉宇。行禮畢，證婚人周博士致頌詞，述新人之歷史，極詳盡，並誦愛丁堡報紙在袁女士畢業時之讚美的記載，以證楊為絕好青年，袁為絕好女

子，並袁女士之尊人袁家普擇婿之經歷。次由來賓代表李石岑致頌詞，略謂新人由純潔之朋友關係，進而為圓滿之配偶，與不經朋友階級而締婚，與經朋友階級而非真正朋友之締婚者不同。又楊君為我國經濟學大家，經濟家大都偏物質方面，如馬克思之唯物史觀。袁女士於心理學研究極精，注重精神方面，故楊先生與袁女士之結婚為靈肉一致之結婚。換言之，即十八世紀文明和十九世紀文明之結婚云云。次由新郎致答詞，次由新婦致答詞，略謂有今日之愉快，而不能致力社會，則無以對今日諸親友之盛意，茲承厚祝，知所勉矣云云，始終掌聲不絕。禮畢，攝影歡宴。來賓極多，在滬之學術研究委員會會員，殆全體范止，蓋新郎及證婚之周博士皆該會會員也。」

婚後袁昌英留在北平女子高等師範學院任教，教英國文學，主要講莎士比亞，是我國第一位研究和介紹莎劇的女學者；而楊端六則回到上海商務印書館工作。一九二二年八月，徐志摩從英國

袁昌英與楊端六結婚照

回國後,在北京見過袁昌英,那時她在北平女子高等師範學院教書。一九二三年楊端六與袁昌英的女兒楊靜遠出生了,但為了在法國文學上進一步的深造,袁昌英把女兒交給父親及繼母照顧,她隻身一人在一九二六年赴法國,進入巴黎大學為研究生,進修法文和法國文學。在法國兩年期間,她繼續為國內報刊撰寫散文、隨筆和文學評論。

袁昌英夫婦及女兒楊靜遠

　　一九二八年袁昌英回國後,在上海中國公學任教,講莎士比亞和英文散文。此時,她又遇見徐志摩。連好友蘇雪林和徐志摩的認識,都是透過袁昌英介紹的。蘇雪林在〈摯友袁昌英〉文中說:「記得有一次,那些留英同學在某高級酒店宴會,座中有詩哲徐志摩,蘭子(案:袁昌英)約我去瞻仰瞻仰。那一晚我才認識了欽羨已久的詩人的廬山真面目。」

　　一九二八年十月,中央研究院成立,楊端六任社會科學研究所研究員、經濟組主任,兼代所長。他們家住在北四川路提籃橋,周鯁生、李四光、楊振

聲、劉秉麟、湯操真等是他們夫婦來往密切的朋友。楊端六在朋友中聲望很高，在經濟學方面已是學術權威了。袁昌英在此時寫了大量的散文、小說、論文，主要是劇本。她寫了多幕劇《孔雀東南飛》、獨幕劇《活詩人》、《究竟誰是掃帚星》、《人之道》、《結婚前的一吻》、《前方戰士》，後來合成《孔雀東南飛及其他獨幕劇》一書，一九三〇年由商務印書館出版。

袁昌英的《孔雀東南飛》是根據漢朝樂府民歌敘事長詩〈孔雀東南飛〉而改編的，但她運用了佛洛伊德的理論，認為人的行動是受人的本能的支配，強調人的「心性」作用。她一反傳統以此故事表現封建道德「吃人」的主題，而從人物的感情、心理入手，去分析了這個家庭的悲劇。袁昌英說：「母親辛辛苦苦親親熱熱地一手把兒子撫養成人，一旦被一個毫不相干的女子占去，心裡總有點忿忿不平。年紀大了或是性情恬淡的人，把這種痛苦默然吞下了。假使遇到年紀還輕，性情劇烈而不幸又是寡婦的，這仲卿與蘭芝的悲劇就不免發生了。」學者彭彩雲認為袁昌英在作品中並沒有把焦母寫成是令人髮指的封建婦道的代言人，而是深入地開掘出寡母內心世界的痛苦，喊出了中國婦女尤其是寡婦的悲憤，深深地揭示出了封建婦女的悲哀。[註4]袁昌英的簡潔暢達，文白相濟的對話和旁白，又保持了原作的詩意成分，措辭富於文采，排列趨於整飭，具有極強震撼人心的效果。

袁昌英的代表作雖是三幕悲劇的《孔雀東南飛》，但真正顯示她創作才華的是《結婚前的一吻》等一類獨幕喜劇。在《結婚前的一吻》中，袁昌英通過新郎在結婚前認錯新娘以至鬧出笑話的情節，對「五四」後那種半新不舊的婚戀方式，做了委婉的諷刺。該劇的題

材風格受到英國戲劇家王爾德的影響，尤其是王爾德的名劇三幕劇《認真的重要》（The Importance of Being Ernest）被袁昌英稱作「滑稽傑作」，因此《結婚前的一吻》劇中人名的構思，都受到該劇的啟發。另外袁昌英一生酷愛莎士比亞，二〇年代即在大學講授莎劇，直到晚年被下放勞動之後，她甚至還打算重譯莎翁名劇。學者周密認為從《活詩人》這一喜劇的創作中，亦可看到莎翁的浪漫喜劇對袁昌英的影響，劇中的文學青年大段地朗誦著莎翁詩句，而從此劇情節的構思，我們也看到了《威尼斯商人》中鮑西姬「三匣選親」的劇情的影響和啟示。註5

　　一九三〇年，楊端六與李四光等籌組新的武漢大學，先後擔任該校教授、兼經濟系主任、法商學院院長和教務長。而袁昌英則早一年受聘為新創立的武漢大學的首批教授，她擔任外文系教授，除講授莎士比亞，還有現代歐美戲劇、希臘悲劇、希臘神話、法文、英文散文、中英翻譯等。教課之餘，她繼續寫作，有散文、隨筆及論文等，其中論文有〈文學的使命〉、〈論戲劇創作〉、〈莎士比亞的幽默〉、〈歇洛克〉、〈墨特林的靜默論〉、〈短篇小說家契訶夫〉、〈妥瑪斯·哈代〉、〈易卜生的野鴨〉、〈皮蘭德羅〉、〈法國近十年來的戲劇新運動〉、〈讀王獨清「詩人謬塞之愛的生活」〉、〈莊士皇帝與趙閻王〉等。

　　學者李偉民認為在二、三〇年代國人尚不普遍重視莎士比亞的期間，袁昌英的一萬七千字長篇論文——〈莎士比亞的幽默〉，以相當寬廣的視野，結合美學、文藝理論和國外莎學研究成果，對莎士比亞的創作手法進行了較為全面的闡釋，所涉及的莎劇人物之多、論述之

深，都堪稱那個時代由我國莎學研究者寫出的對莎劇理解最為精到的莎學批評論文，為後來的中國莎學批評奠定了良好的基礎。[註6]袁昌英將莎士比亞的幽默分為三類：1.機敏的幽默（Mof d'esprit）；2.情境的幽默（Mof desituation）；3.性格的幽默（Mof de caractere）。而這三類幽默充斥於莎士比亞的全部劇作。袁昌英在文中以五個劇本為例，逐一具體分析了莎翁幽默的運用。在《羅密歐與朱麗葉》中，幽默的載體是朱麗葉的乳媼和邁丘西奧。在《仲夏夜之夢》中，是波頓和袞斯。在《皆大歡喜》中，是「試金石」和羅瑟琳。在《無事煩惱》中，是裴尼狄克和琵特麗絲。在《亨利四世》和《亨利五世》中，則是有名的笑星福斯塔夫。袁昌英認為：幽默彷彿是英國人的特色，莎士比亞是英國文學史上最炫耀的光榮。莎士比亞的幽默蘊藏在他的所有劇本中，即使在最淒愴悲慘的悲劇中，其機敏的幽默也會如閃電一樣，給人帶來光明。

至於〈歇洛克〉則是袁昌英對莎劇《威尼斯商人》中的夏洛克進行深入分析的論文。文中認為夏洛克的性格是悲劇的，但在劇中的地位有喜劇的成分。這也符合英國戲劇的傳統是悲與喜交叉並存的。夏洛克固然有可惡可恨的一面，但是作為身受歧視和凌辱的猶太人，他又飽受痛苦的煎熬，具有令人同情的一面。

有關袁昌英和徐志摩的一段情緣，楊靜遠女士說：「一九三一年末徐志摩墜機遇難，袁的悲痛確實非同一般。這一點，我是從《蘇雪林自傳》（江蘇文藝出版社1996年版）和其他回憶文中得知一二。蘇著中〈我所認識的詩人徐志摩〉一章提到，袁與徐『原有多年的友誼』，『相知之厚』等語，她自己是在上海時通過袁的介紹認識徐

的。徐遇難後，袁立刻寫了一篇悼文，
並力促蘇也寫一篇。袁的悼文名〈毀
滅〉，但未見刊出。直到一九三七年，
該文才歸入『隨筆』類收入商務版她的
《山居散墨》文集（全書1994年由河北教
育出版社列入鍾敬文主編的『中國現代小
品經典』重印）。那其實是一篇改頭換
面的小說。但開篇的〈紀念一個詩人〉
一詩，則洩漏天機地表明那就是悼念
徐志摩的那篇悼文。」註7開頭的詩這麼
寫著：

袁昌英

> 夜色沉沉，宇內淒清；
> 沙的一閃，一顆流星；
> 黑樹顛，北斗邊；
> 火樣明，劍樣鋒；
> 只是半秒鐘──
> 光榮，光榮不朽的半秒鐘！
> 要是你不這樣一明，
> 宇宙更不知何等消沉。

確實那是悼念徐志摩的詩，也唯有徐志
摩獨有的才氣和遭遇，才能配得上詩

中的形容。而後的小說主人公被改為工程師「智」，而女主角則名為「娥」。楊靜遠女士看出來其中的玄機，她說：「小說中的男女主人公，娥和智，不正是『我』和『志』的諧音嗎？」讓我們看看袁昌英的原文：

　　娥在巴黎的一所小公寓裡看書，可是看來看去，就是看不進去。忽然她聽到皮鞋的沙沙聲，回頭一看，原來是智。

　　「因為交情已有七分深，用不著多少寒暄，就接談了。『今日的計畫怎樣？』」

　　「『去參觀你那波蒙煉鋼廠，好不好？』」

　　「『……也好，走西溫林中穿過，倒是一段極幽靜的散步。』」

　　……

　　「智忽然有著一種衝動，大約是再不可逆制的一種衝動了。他的熱烘烘的左手，從後面輕柔地放在她的左肩上了。單薄的春衫傳與她的感觸是新的、奇的、令人心神飄忽的。他見她不拒絕，右手也就順便握住她的右手了。聲音是這樣的戰顫，呼吸是這樣的緊促：『娥！我不能見那株樹，我不能想那株樹，而能不同時想你見你的。我往波蒙煉鋼廠去實習，說也奇怪，無論走哪條路也都看見它。你與它是形同、色同、質同而氣宇亦相同的了。它是宇宙間最美麗的花，你……你……』他們的心沸騰了，脈絡緊張了。她反轉臉去望他一眼，他卻一把握住，含情凝睇的看住她的眼睛。於是

二人的眼波匯為一流了，兩個性靈脫離了體的桎梏梏遁逃了。原是兩個獨立無倚的性靈，現在為一種不可抵禦的力沖散了，化為混沌的煙霧，飄飄渺渺，蕩漾於無限無涯的空間了。煙霧在空中旋轉著，旋轉著；萬千宇宙，色、香、光，一切的一切都捲入了漩渦，渺渺茫茫的旋轉著。然而一切的一切都又似乎不存在，全都毀滅了似的。」

　　他們到了煉鋼廠，智為了幫工人修理機器，爬上天橋，一失腳，掉了下來。「一團黑物往下奔……奔……怒嘯如狂的火池一口吞噬了——吞噬了一切……毀滅！全都毀滅了！娥的靈魂早已哇的一聲脫離了軀殼，往下墜，往下墜，墜到無邊無際涯岸，到處尋覓她的智，可是無路，無路，前面茫茫，後面茫茫，左右茫茫，萬象茫茫！

　　據楊靜遠說袁昌英此文確寫於一九三一年徐志摩去世後，一九三五年發表於好友凌叔華主編的《武漢日報·現代文藝》，一九三七年才收入《山居散墨》文集。小說與報導，常常好有一比「小說除了人物、地點是假的，其他都是真的；而報導反之。」「戲假情真」，是我們從小說中看史實，值得細細思索的地方。

　　而袁昌英寫於一九三二年的〈莊士皇帝與趙閻王〉一文，在當時是轟動一時的。我們知道《趙閻王》是戲劇大師洪深的成名作，因為在當時無人敢直揭洪深的瘡疤的情形下，袁昌英則指陳：「《趙閻王》是《莊士皇帝》（瓊斯皇）的兒子」，並將兩人的作品，細細地對勘比較一番。從袁昌英對《瓊斯皇》鞭闢入裡的分析中，我們可以

看出她深諳奧尼爾的表現主義藝術手法。其實袁昌英留學法國期間正是表現主義戲劇勃興之時，她歸國後創作的獨幕劇《前方戰士》就結合運用了意識流、表現主義的手法。

　　抗日戰爭時，武漢大學內遷四川樂山，袁昌英在上課之餘，有空就坐在簡陋的「讓廬」，對著山川形勝看書作畫，面對敵人的大轟炸，面對死亡的威脅，袁昌英並沒有絲毫退縮。她依舊滿腔熱情地講授著莎士比亞。學生孫法理教授後來回憶說：「四〇年代末，我在武漢大學外文系讀書時，袁昌英先生教莎士比亞課，袁先生不但是五四時代的知名女作家，而且在英國時與徐志摩、陳西瀅等人是好朋友。她的莎士比亞課分量很重，採用的是英國學院派的教學方法。我開始聽課感覺到相當吃力，後來找到一個竅門，就是讀商務印書館出版的注釋本莎劇英文劇本，讀了以後再去聽，不但能夠跟上袁先生的思路，而且也漸入佳境，從此對莎士比亞發生了強烈興趣，畢業論文就以莎士比亞為題。四十年後在大學也給大學生研究生講授莎士比亞。我敢於開出莎士比亞專題課，依仗的就是先生給我打下的底子。」註8

　　另外孫法理教授還回憶袁昌英在上戲劇課的情形：「袁先生的講法大體是結合重點段落分析、情節結構、人物性格、主題思想、寫作特色等等。具體內容我現在除了劇情的輪廓之外，大體都不記得了。但是袁先生這課對我的影響卻非常大。一是給了我許多戲劇常識，二是她的講授引起了我對戲劇的強烈興趣。袁先生在接觸劇本之前先講了幾節預備課，類似戲劇導論，介紹了一些戲劇知識，然後再在劇本的具體講授過程裡，用那些知識進行分析，同時並使那些理論具體起來，形象起來，活起來。她的理論裡有一個概念我至今沒有在

別的地方見過：The Fifth Dimension（第五象限）。什麼叫第五象限呢？袁先生說，線、面、體三個象限是空間象限，物理學的象限；時間是第四象限，而關係（結構）是第五象限。在講第五象限時，她講了戲劇的基本結構和一些常用技巧。她指出戲劇（其實小說也一樣）的基本結構是Opening（開局）、Exposition（展示）、Crisis（危機，轉振點）、Climax（高潮）、Denouement（結局，原意是『解結』）或Catastrophe（「悲劇的」結局）。她對其中的每一項都提出了注意事項。例如『開局』要有吸引力，能抓住觀眾注意；在『展示』中，介紹劇情開始以前的情節宜簡潔有力，而主要情節的發展，則要充分；『危機』可以有好幾個，使劇本搖曳多姿，多次從『山重水複疑無路』到『柳暗花明又一村』。『高潮』後應該很快結束，不宜拖沓，但也不能草率，必須注意一個Explication（解釋）的環節，把觀眾心裡的疑團一一解開，……她還強調節奏，說戲劇應該緊張，緊張才能保持觀眾的興趣，但是也要有張有弛，有節奏變化，否則一味緊張也會使觀眾厭倦。她還講到了懸念和意外，認為那是戲劇藝術的基本竅門，但是懸念的解除要合理，意外必須在情理之中，否則觀眾會覺得牽強，難於接受。她還強調，在戲劇裡，使用具體的形象要比抽象的概念好，使用眼睛看得見的東西要比嘴裡說的東西好。例如易卜生在〈野鴨〉裡使用受傷的野鴨的倔強行為來暗示受到精神傷害的人的性格，就比一般地敘述它的痛苦要好。這些東西那時我都是聞所未聞，見所未見的，覺得很新鮮。」註9

五〇年代初，武大外文系撤消，袁昌英轉到中文系教外國文學。她真心誠意進行思想改造，學俄語，熱情地參加各種政治活動，將毛

澤東詩詞譯成英文。她加入了中國民主
同盟,當選為湖北省政協委員。她出席
過三次武漢市文代會,當選為武漢市文
聯執行委員,於一九五六年加入中國作
家協會,這期間法國巴黎大學曾通過香
港邀請她去講學,被她婉辭。一九五七
到五八年間,她受到不公正待遇,被錯
劃錯判,失去了她熱愛的教學工作,每
日掃街……從此墜入痛苦的深淵。直到
一九六四年,她的右派帽子被摘去時,
都沒有重新被起用。一九六六年,九月
她遭遇到更大的不幸,那是與她生死患
難四十五年的丈夫楊端六病故了。他在
武漢大學執教36年,著述頗豐,主要
有《信託公司概論》、《貨幣淺說》、
《銀行要義》、《中國改造問題》、
《商業簿記》、《貨幣與銀行》、《公
司概論》、《社會政策》、《六十年中
國國際資易統計》、《記帳單位論》、
《現代會計學》、《工商組織與管理機
制》、《清代貨幣金融史稿》等。他是
中國著名的財政金融專家和經濟學家,
在銀行、貨幣、信託、商業、會計等學
科領域取得開拓性的成果。

袁昌英

一九七○年袁昌英又遭到進一步的迫害，她被當作「五類分子」遣送還鄉，回到湖南醴陵農村老家，住在一個遠親家裡。儘管在那世情看冷暖，人面逐高低的日子裏，她始終沒有泯滅對莎學的熱情，在偏僻落後的醴陵鄉下，她身邊帶著一本燙金的豪華本《莎士比亞全集》，上面有她用鉛筆做的標記和詮釋，背靠駱家坳的落鳳山，頭枕青青溪水，眼望阡陌縱橫的田野，她一直做著一個美麗而多彩的夢，她要用自己最後的生命來翻譯完成《莎士比亞全集》。

一九七三年春，當地公社調查了她的問題，為她落實政策，作了不是歷史反革命，屬人民內部矛盾的政治結論。但是七年來的折磨摧殘，耗盡她的生命，就在同年的四月二十八日，她離開人世了，正像她在《孔雀東南飛》中所描寫的「風聲的悲慘像是敗兵的號泣」。這位曾經與凌叔華、蘇雪林被稱為「珞珈三女傑」的女作家、學者，折翅墮殞在家鄉落鳳山下，一抔黃土，幾聲孤雁，給人們留下了無盡的哀思。

袁昌英留有一女一子，女兒楊靜遠繼承了母親的遺志，專攻英國文學，曾為中國社科學院外國文學研究所編審。譯有英國女作家《夏洛蒂·勃朗特書信》、《馬克思傳》、《馬克思思格斯傳》等等。兒子楊弘遠教授，曾任武漢大學生物系主任，從事遺傳工程的研究，曾被選為中科院院士。

【注釋】

註1：張邦梅著、譚家瑜譯《小腳與西服──張幼儀與徐志摩的家變》，智庫
　　　股份有限公司，1996年。

註2、3、7：楊靜遠〈又見「小腳」〉，《萬象》雜誌第9卷第10期，2007年
　　　10月。

註4：彭彩雲〈論袁昌英作品的現代意識〉，湖南文理學院學報（社會科學
　　　版）第30卷第2期，2005年3月。

註5：周密〈中西合璧的戲劇創作之路──袁昌英戲劇藝術手法〉，河北理工
　　　學院學報（社會科學版）第4卷第3期，2004年8月。

註6：李偉民〈中國莎學史上的雙子星座──莎士比亞研究專家袁昌英和孫家
　　　琇〉北京《傳記文學》，2004年5月號。

註8、9：孫法理〈恩師遺我莎翁情〉收入楊靜遠編選的《飛回的孔雀──袁昌
　　　英》，2002年，人民文學出版社。

作為詩人及出版家的邵洵美

邵洵美是中國現代文學史上知名的唯美－頹廢派詩人、出版家和文學活動家。但現在知道邵洵美的人已經不多了，而在這些知道的人的印象中，總認為他不過是個「紈絝子弟」、公子哥兒，並無足觀。這很大是受到魯迅的影響，魯迅在他的〈拿來主義〉中，這樣寫著：「因為祖上的陰功，得了一所大宅子，且不問他是騙來的……或是做了女婿換來的」。這個評語，底下注明「諷刺的是做了富家翁的女婿而炫耀於人的邵洵美之流」。這成為後人對邵洵美的第一，也是唯一印象。「有富岳家，有闊太太，用作陪嫁，作文學資本」，一時成為定論。難怪後人慨歎，魯迅一條注釋，掩埋邵洵美一生。

魯迅罵邵洵美為「盛家贅婿」，並對其諸多攻擊。然而若就其身世而觀之，邵洵美的父親娶盛宣懷的四女兒為妻，邵洵美的伯父邵頤的元配夫人是李鴻章之女，邵洵美可說是生於官宦之家，而盛佩玉是盛宣懷長子

的女兒，與邵洵美是表姊弟。邵、盛兩家原本都是有錢人，並不存在邵洵美高攀的問題。魯迅不厭其煩地提到富家女婿，並似乎認為因此而一切均無足觀，是不免淪為情緒上的「嘲笑」與「漫罵」了。

邵洵美（1906 — 1968），祖籍浙江餘姚，生於上海。眉清目秀，長髮高額，有「希臘式完美的鼻子」的美男子邵洵美，在更多記載裏是有點「紈絝子弟」的味道。有人評價他年輕時的生活，幾乎就是《紅樓夢》裏描述的「大觀園」的翻版。他好酒好賭，陳定山在《春申舊聞》中就説過，經常在花木交蔭的宅第裏「一擲呼蘆，輸贏百萬」，他們賭的籌碼，不是金錢而是道契。他講究雅賭，認為賭博有「詩意」，因此看不起那些世俗賭徒。據説，他越輸錢，詩寫得越好。他説：「一贏到心慌，詩就做不成了。」因此自稱「賭國詩人」。

陳定山又説，他更有賈寶玉愛紅的毛病兒，因為皮膚太慘白，因此出門前

邵洵美

要薄施些胭脂，他自稱這是學唐朝人風度。他和江小鶼一樣留著山羊鬍子，他覺得這樣才美。他愛畫畫、愛藏書、愛文學，在自家豪宅裏辦文學沙龍，來往的人川流不息。他為人寬厚仗義，無論好友或陌生人，他都常常接濟。

邵洵美

邵洵美中學就讀於上海聖約翰中學，後轉學南洋路礦學校（上海交通大學的前身），一九二三年畢業。一九二五年二月，乘船赴英留學。先在劍橋大學讀預科，後來考進劍橋大學的伊曼紐學院（Emmanuel College of Cambridge University）經濟系。據邵洵美的女兒邵綃紅説：「有一天，他在書堆裡發現自己在羅馬買的一張希臘女詩人莎弗（Sappho）像的印刷品。這畫像為他造出許多離奇的幻想，於是，寫滿了詩句的草稿越積越多了。他對這位女詩人發生極大的興趣，從此他最重要的工作就是用新詩的自由體裁去譯她的《愛神頌》，新詩成了他的信仰和將來了。莎弗的詩被人發現的一共只有五、六十個斷片，洵美在正式課程之外，憑自己

的想像把它們連繫起來寫成一齣短劇。經穆爾先生的介紹交海法書店印刷發行。那冊劇本印得特別講究，紙張是劍橋大學出版部轉買來的手造紙，封面的圖樣又是請英國木刻名家吉爾先生設計的。但是，這本小冊子上櫃，竟然一本也沒有賣掉。不過，從此，淘美有了個『希臘文學專家』的稱號。」

邵淘美曾自己說過他從發現莎弗而知道了史文朋（A.C.Swinburne，1837－1909）。又因史文朋而熟知了拉斐爾前派作家，並得知波特萊爾（Charles Baudelaire，1821－1867）和魏爾倫（Paul Verlaine，1844－1896）。這也標示了邵淘美從唯美主義（史文朋）到象徵主義（魏爾倫），同時也從「字眼、詞句、音節」等「形式」到「意象」。

學者盛興軍說：「邵淘美在二十、三十年代的中國詩壇是有著自己的獨特貢獻和一席之地的，尤其是他對西方唯美主義文學的譯介和為此而進行的詩歌探索，對推動中國詩歌的現代轉化，以及現代派詩歌在中國的興起，有著非同尋常的意義。從他身上，我們似乎可以窺見『五四』浪漫主義詩歌向象徵主義詩歌轉換的影子。眾所周知，西方唯美主義者最終都無一例外地滑向頹廢，並最終導致『對生活本身的唯美化的理解』，從而使『唯美的個人主義肆虐泛濫』。中國的唯美主義者也難例外。『這是因為當人自覺到頹廢乃是人生以至文化和歷史的宿命，並因而成為頹廢主義者之後，如何在日趨頹廢的有限人生中獲得最大的個人享樂，便成了他們最為關心的問題。進而在頹廢主義者看來，只有對人生和藝術採取唯美的態度，即為生活而生活、為藝術而藝術，他們才能渡過頹廢的人間苦，並可望在生命的頹廢途中獲得最大的個人享樂。』」

一九二六年六月下旬，邵洵美中斷在英國的學業返國。次年一月十五日（農曆十二月十二日），在上海南京路前跑馬廳對面的大華舞廳（卡爾登飯店）與盛佩玉舉行婚禮。一九二八年三月，邵洵美創辦金屋書店，地址在靜安寺路（今南京西路）斜橋路口，斜橋總會隔壁。據章克標說，「金屋」這個名字的取義，既不是出於「藏嬌」的典故，也不是緣於「書中自有黃金屋」的詩句，而是由於一個法文字眼即「La Maison dor」翻譯過來的。書店出版的主要是文藝類書籍，以唯美派的作品居多。學者張偉說：「金屋書店開辦後究竟出了多少書，一直沒有人統計過，僅就筆者粗略翻過的，應該在三十種左右。範圍大致包括這幾類：（1）獅吼社同人的著作，如滕固的《外遇》、章克標的《銀蛇》、黃中的《嫵媚的眼睛》、邵洵美的《一朵朵玫瑰》等。（2）朋友的作品，如郭子雄的《春夏秋冬》、盧世侯的《世侯畫集》、朱維基的《奧賽羅》、張若谷的《文學

邵洵美與盛佩玉

邵洵美與盛佩玉結婚之報導

生活》等。（3）朋友相託之書，如夏衍的《北美印象記》、王任叔的《死線上》、陳白塵的《漩渦》等。這些書均屬文學範疇，多為小說、詩歌、文藝理論和譯著，大都具有唯美色彩，很少有暢銷書。」學者倪墨炎說：「從金屋的書目看來，邵洵美辦書店，根本不圖經濟利益，只是為自己出書方便，為朋友和朋友的朋友出書方便。有朋友求他，他會豪爽地給予幫助，有些書稿接受下來，書還沒有出他會先付稿酬。金屋書店雖然沒有出版轟動一時或在文化史尚有一定地位的書，但也沒有出不堪一讀的書。」

　　同年七月，邵洵美又主編復活《獅吼》半月刊，至年底共出版十二期。一九二九年一月，由邵洵美、章克標共同主編的《金屋月刊》創刊。一九三〇年九月，《金屋月刊》出至第十二期後停刊，獅吼社也解散。但在獅吼社基礎上形成的這個唯美－頹廢主義作家群，並未停止活動，他們仍以邵洵美、滕固和章克標為中心，依託金屋書店及其後身——時代圖書公司為陣地，繼續從事唯美－頹廢主義的文藝運動，直到三〇年代中期以後才漸漸分散。

　　邵洵美的第一本詩集《天堂與五月》一九二七年一月在光華書局印行，該詩集收錄的是他留學至回國期間的詩作。第二本詩集《花一般的罪惡》一九二八年五月在金屋書店出版，從詩集的名稱，就知是從波特萊爾的《惡之華》脫胎而來的。也許是因為聲氣相求，同為唯美派作家的張若谷對於邵洵美的詩表示了更多的理解，在《五月的謳歌者》中，他介紹了詩人，同時對《天堂與五月》表示了欣賞的態度。他指出，邵洵美吸收了西方文學資源，詩歌寫作深受法國惡魔主義的影響，歌頌色欲與肉感，在罪惡中找尋快樂，然而又有大膽的反

抗，表現了熱情而又苦悶的靈魂。新月
詩人陳夢家對於邵洵美的詩歌藝術也
有一段優美的評價，他說：「邵洵美的
詩，是柔美的迷人的春三月的天氣，豔
麗如一個應該讚美的豔麗的女人（她有
女人十全的美），只是那繾綣是十分可愛
的。〈洵美的夢〉，是他對於那香豔的
夢在滑稽的莊嚴下發出一個疑惑的笑。
如其一塊翡翠真能說出話讚美另一塊翡
翠，那就正比是洵美對於女人的讚美。」

　　當然負面的評價也一直存在著，
在《花一般的罪惡》問世後，曾招致不
少指責。有位化名孫梅僧的作者認為：
一、這部詩集使人看不懂，沒有線索可
尋，對讀者不負責任；二、詩人深受唯
美主義的影響，身上有莎弗和史文朋的
影子，本應用全副精神去創造美，但卻
完全走錯了路；三、詩歌有很多地方只
是火、肉、吻、毒、蛇、唇、玫瑰、處
女等的堆砌。這篇批評使邵洵美深為不
滿，並專門寫了一篇長文進行辯駁，認
為批評者沒有深入到詩歌藝術內部，只
是用道德禮義來指謫，根本不懂詩。但

洵美文存

是，孫梅僧的文章卻也點在了要害，他指出了邵洵美的師承對象——唯美主義，並且看到了其詩肉感、頹廢的一面。

　　一九二七年六月徐志摩和朋友們在上海創辦新月書店，次年三月《新月》月刊創刊。一九二九年新月書店因虧空太多，資金週轉不靈，徐志摩向邵洵美招股。邵洵美為了徐志摩的情誼，結束了自己的金屋書店，將資金投入新月，以「邵浩文」的名義作為發行人。後來更接任新月書店的經理，章克標回憶說：「洵美可以說是為了志摩的緣故而去加入新月書店的。時為一九三一年四月。他當然無法實幹，於是委託了林微音（案：海派的男作家）去上班，代行管理日常事物。志摩和洵美兩人擬訂了改革《新月》的辦法，要改變《新月》月刊的搖擺不定。他們先是想使《新月》側重文學藝術方面，少談政治，不參加爭權奪利，以省卻遭到許多麻煩，或者從這方面去打開出路，求得營業上的發展。但是這個設想提出之後，就被羅隆基一口否定。當時羅在編《新月》。他是熱心於政治的，不同意這種改變。」「新月書店改革的事情，因此議而不決，只能照舊拖延下去。洵美的設想，也因此落了空。不久徐志摩去北京所搭乘的飛機在山東濟南附近黨家莊的開山失事，志摩升天，洵美陷入於更加孤立的情勢，更加有力無處用，只好知難而退了。後來新月書店由胡適之同商務印書館談妥，歸商務接收，由商務出一筆錢，代新月清償債務，新月書店存貨全歸商務接收，新月書店出版的書冊可以由商務印書館繼續出版。這樣就結束了新月書店。」

　　而在《新月》月刊刊行期間，徐志摩、邵洵美、陳夢家、方瑋德、方令孺等人，在一九三一年一月二十日還辦了一個《詩刊》。開

始由徐志摩主編，後由邵洵美接編，由新月書店發行。《詩刊》繼承
《晨報副刊》的詩歌作風，在刊行過程中，曾培養出陳夢家、方瑋
德、卞之琳等有影響力的青年詩人。徐志摩死後，《詩刊》失去了領
導人物，在一九三二年七月便宣告終刊，只出了四期。

　　做為一個出版家，邵洵美可說是興致勃勃的，他幫助徐志摩的新
月書店，後來他也接辦張光宇、正宇兄弟及葉淺予的《時代畫報》。
而也因此成立「時代印刷廠」及「時代書局」。章克標這麼回憶的：
「《時代畫報》那時用銅版印刷為主，封面及裡面的彩色插頁用三色
版，製版和印刷都較麻煩，而且價貴，對於用紙的要求也高，因之成
本就高。如改用影寫版來印，製版可以簡單些，用紙的要求也不那樣
苛刻，可以減低成本。要同《良友》競爭，這是一條路，洵美下決心
要辦一個影寫版的印刷廠，一方面是為印刷自家《時代畫報》，再是
引進先進技術來推進中國的印刷事業。洵美果然變賣了一點房地產，
向德國洋行訂購了影寫版的比較新式的印刷機。開辦了時代印刷廠。
同《時代畫報》出版機構合起來名叫時代圖書印刷發行公司，即包括
時代書局及時代印刷廠兩個部分。」

　　一九三二年九月十六日，邵洵美與林語堂合辦《論語》半月刊。
說到《論語》這份雜誌，一般人都將它歸功於林語堂，但實際上就和
《論語》關係的密切程度，邵洵美實不亞於林語堂。除了出版發行和
一切雜務瑣事都由時代書局包攬外，雜誌的盈虧也全部由書店承擔。
在資金方面，林語堂一開始出了一些，第十期後就完全由邵洵美獨
資。至於編輯人選，最先幾期，先後由章克標、孫斯鳴實際負責，到
了十幾期，方由林語堂接替。邵洵美說：「這時候《論語》已日漸博

得讀者的愛護，銷路也每期激增。林語堂先生編輯以後，又加了不少心血，《論語》便一時風行，『幽默』二字也成為人人的口頭禪了。」後來林語堂因編輯費的事和章克標的矛盾逐漸加深。正巧此時良友圖書公司準備辦刊物，林語堂便以承包方式為良友辦《人間世》，於是在二十八期後林語堂辭去編輯工作，改由陶亢德接編。後來陶亢德又去編《宇宙風》，自第八十二期起由郁達夫任編輯，但實際上是邵洵美主編。一一○期起由邵洵美、林達祖合編，一直到終刊的一七七期。（其中118－121期，四期由李青崖主編）。

邵綃紅說：「一九三五年是上海時代圖書公司最興旺的時期，一度同時出版七份雜誌，因其出版日期的參差，每隔五天就有兩份與讀者見面。總共算起來，那時『時代』旗下雜誌已有讀者近十萬。」據張偉的說法，當時「時代」號稱擁有九大刊物，按創刊時間依次為：《時代》畫報（1929－1937）、《論語》（1932－1937，1946－1949）、

《論語》封面

《十日談》（1933－1934）、《時代漫畫》（1934－1937）、《人言周刊》（1934－1936）、《萬象》畫報（1934－1935）、《時代電影》（1934－1937）、《聲色畫報》（後改周報，1935－1936）、《文學時代》（1935－1936）。這些刊物裝幀漂亮，內容豐富，有些在當時堪稱獨樹一幟，起著引領時代潮流的作用。如《時代漫畫》出版時間長達三年半，擁有百人以上的作者群，發行數量達一萬冊，是民國期間我國出版時間最長、影響也最大的漫畫刊物。《人言周刊》兼蓄時論和文學作品，風格鮮明，出版期數多達115期，作者群包括胡適、郁達夫、林語堂等名家。

邵洵美的情人項美麗

學者王小敬認為，半個多世紀以來，由於種種原因，對於邵洵美的研究，沒有形成一定規模，存在大量空白。至今，邵洵美的文集尚未整理出版，研究工作的開展存在很大困難。但儘管如此，邵洵美在三十年代的上海文化界，是個舉足輕重的人物，是不爭的事實。他編輯、出版和發行了

大量刊物，在今天看來，都是在文學史、藝術史上佔有重要地位的刊物。

　　在妻子盛佩玉的回憶，邵洵美一生除了讀書、買書、寫書、譯書、出版書，別無他求，甚至為此賠光了家產。抗戰開始後，邵洵美已經窘迫到需要租房居住，卻還是主辦了抗日刊物《自由譚》和《公正評論》。毛澤東的〈論持久戰〉寫成後，他幫忙翻譯成英文，「字斟句酌」，並在自己刊物首次公開發表。到後來，這位昔日大少爺，只有靠變賣祖傳的印章，才能請得起老友吃一頓飯。更往後他被捕入獄，幾經波折，淪落到借錢度日，不過儘管如此，他「唯美之心，終究不改」，還是要用老媽子的刨花水，把頭髮梳得油光水滑。他依然是不折不扣的邵洵美。

作為詩人與翻譯家的穆旦

穆旦本名查良錚，著名詩人和詩歌翻譯家。一九一八年出生於天津，祖籍浙江海寧。海寧查家是江南世家，幾百年中名人輩出，領盡風騷，康熙皇帝稱之為「唐宋以來巨族，江南有數人家」。紅學專家周汝昌在文章中說，查家分南北兩支，「北查」世居天津水西村，大約就是穆旦出身的那一支了。武俠小說的一代宗師金庸本名查良鏞，亦是浙江海寧人。穆旦其實是金大俠本家的大表哥。一九三四年查良錚將「查」字一拆為「木」、「旦」，「木」、「穆」諧音，於是開始用「穆旦」作筆名。這正如查良鏞後來把「鏞」字一分為二，成為「金庸」。

穆旦在十一歲那年進入天津南開中學讀書，開始詩文創作，現存有一九三四至一九三五年載《南開高中生》的詩八首。這些「少作」刻劃了流浪人、老木匠、繅絲工等勞苦大眾，經常的「把人變成了爛泥」的煎熬，鞭撻了「另一個世界」窮奢極侈的生

活。少年的穆旦已經開始理性地思考人生和現實、憂鬱地關注社會和底層的人民了。

當時日寇侵凌，平、津首當其衝，年青的詩人熱心於抗日救亡的活動，他寫下了〈哀國難〉，「灑著一腔熱血」大聲疾呼：

> 眼看祖先們的血汗化成了輕煙，
> 鐵鳥擊碎了故去英雄們的笑臉！
> 眼看四十年的光輝一旦塌沉，
> 鐵蹄更翻起了敵人的兇焰！

一個十六、七歲的中學生已經投身憂國憂民的知識分子的洪流，開始唱起「追求進步」的序曲。

一九三五年七月，穆旦以優異的成績同時被三所大學錄取。最後，他選擇了清華大學外文系。穆旦在這裡繼續探索和寫作現代詩歌，並在《清華學刊》上發表，他寫雪萊式的浪漫派的詩，有著強烈的抒情氣質，又有很強的現實感。

穆旦

　　兩年後，抗日戰爭爆發，穆旦隨校遷往昆明，清華與北大、南開合併，組成西南聯合大學。在這片被稱為「振興並發展中國新詩的新墾地上」，穆旦得到著名的學者、詩人聞一多、燕卜蓀（William Empson）等人的言傳身教，尤其是燕卜蓀當時開了「當代英詩」課，從十九世紀詩人霍普金斯（G.M.Hopkins）一直講到二十世紀詩人奧登（W.H.Auden），使穆旦深受西方現代派詩歌的影響，逐漸形成了自己獨樹一幟的全面現代化的詩風。

穆旦

　　一九四〇年穆旦畢業於西南聯大外文系，他留校任教，負責敘永分校新生的接收及教學工作。一九四二年寫的〈詩八章〉，次年即和另三首收入聞一多選編的《現代詩鈔》。一九四二年，他卻作出一個令人意外的決定：投筆從戎。他參加中國遠征軍，入緬抗日，親歷震驚中外的野人山戰役。據好友王佐良發表於英國倫敦Life and Letters（1946年6月號）的〈一個中國詩人〉一文，說：「但是最痛苦的經驗只屬於一

個人，那是一九四二年的緬甸撤退，他從事自殺性的殿後戰。日本人窮追，他的馬倒了地，傳令兵死了，不知多少天，他給死去的戰友的直瞪的眼睛追趕著，在熱帶的毒雨裏，他的腿腫了。疲倦得從來沒想到過人能夠這樣疲倦，放逐在時間——幾乎還在空間——之外，胡康河谷的森林的陰暗和死寂一天比一天沉重了，更不能支持了，帶著一種致命的痢疾，讓螞蝗和大的可怕的蚊子咬著。而在這一切之上，是叫人發瘋的饑餓。他曾經一次斷糧到八日之久。但是這個二十四歲的年青人，在五個月的失蹤之後，結果是拖了他的身體到達印度。雖然他從此變了一個人，以後在印度三個月的休養裏又幾乎因為饑餓之後的過飽而死去，這個瘦長的，外表脆弱的詩人卻有意想不到的堅韌，他活了下來，來說他的故事。但是不！他並沒有說。因為如果我的敘述洩露了一種虛假的英雄主義的壞趣味，他本人對於這一切淡漠而又隨便，或者便連這樣也覺得不好意思。只有一次，被朋友們逼得沒有辦法了，他才說了一點，而就是那次，他也只說道他對於大地的懼怕，原始的雨，森林裏奇異的，看了使人害怕的草木怒長，而在繁茂的綠葉之間卻是那些走在他前面的人的腐爛的屍身，也許就是他的朋友們的。」

　　過了三年，詩人才根據這段不堪回首的經歷，寫下了〈森林之魅——祭胡康河上的白骨〉。這首長詩是以〈葬歌〉終結的：

　　　在陰暗的樹下，在急流的水邊，
　　　逝去的六月和七月，在無人的山間，
　　　你的身體還掙扎著想要回返，

而無名的野花已在頭上開滿。

那刻骨的飢餓，那山洪的沖擊，

那毒蟲的嚙咬和痛楚的夜晚，

你們受不了要向人講述，

如今卻是欣欣的林木把一切遺忘。

過去的是你們對死的抗爭，

你們死去為了要活的人們的生存，

那白熱的紛爭還沒有停止，

你們卻在森林的週期內，不再聽聞。

靜靜的，在那被遺忘的山坡上，

還下著密雨，還吹著細風，

沒有人知道歷史在這裏走過，

留下了英靈化入樹幹而滋生。

這首椎心泣血的長詩，它不僅是對胡康河上的白骨深情的祭奠，也是紀念千千萬萬為抗日而犧牲的將士的史詩。

四〇年代，是一個風雲變幻、風雷激盪的年代。在這個年代，他抒寫出深沉雄渾的生命之歌。學者龍泉明、汪雲霞認為，他的詩歌，透視了敏感良知的知識分子在苦難歲月裡豐富複雜的精神境遇，呈現出詩人對人類生存狀況、民族前途命運形上思考的痛苦凝重的情感色彩。生的希望與絕望，愛的欣喜與悵惘，民族的期待與災難等在他的詩中交織、扭結、矛盾和衝突。透過其詩，可以感受到詩人躁動、苦悶、壓抑和焦灼的痛苦靈魂。詩人唐湜在〈穆旦論〉文中，就說：

「（他的詩）給人一種難得的豐富和豐富到痛苦的印象，甚至還有一些掙扎的痛苦印記，他有一份不平衡的心，一份思想者的堅韌的風格，在別人懦弱得不敢正視的地方，他卻有足夠的勇敢去突破。」

香港學者李焯雄認為，整體而言，穆旦詩的基本風格是悲觀和冷靜的。他明白就是不能把現實轉化為理想，他也不能逃避；語言世界、愛情等均不能提供逃避之所，因此，他詩中始終沒有冷漠的態度，漠視客觀的世界。穆旦認為「我是太愛，太愛那些面孔了，／他們諂媚我，耳語我，諷笑我，／鬼臉，陰謀，和紙糊的假人，／使我的一拳落空」他畢竟是悲憫的，不流於冷嘲。

一九四九年八月穆旦赴美留學，入芝加哥大學攻讀英美文學、俄羅斯文學。同年十二月二十三日，與早在一年多前就到芝加哥大學攻讀生物的周與良結婚。一九五二年底，在芝加哥大學研究院畢業後，

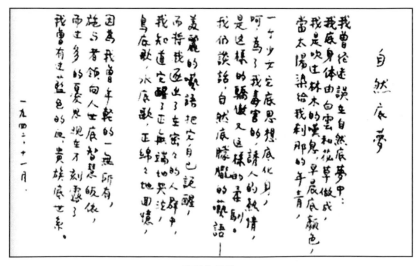

穆旦的詩稿

穆旦又懷著一以貫之的愛國情操，一相情願地偕夫人周與良博士兼程回國。次年五月，他們倆同時應聘到天津南開大學任教，滿以為從此可以安心報效祖國了。穆旦秉性耿直，遇事往往仗義執言，在那「黃鐘毀棄，瓦釜雷鳴」的年頭，自然不能見容於那些為虎作倀的宵小。僅僅一年多之後，就發生所謂的「外文系事件」，沒有料到這竟成了穆旦後來被定為「歷史反革命」的依據之一。

一九五五年，「肅反運動」中，穆旦成為「肅反對象」，受到批鬥審查，參加「遠征軍」的「問題」也被提了出來。一九五七年春「整風運動」開始，穆旦接受回國後幾年來「禍從口出」的教訓，在「大鳴大放」中守口如瓶，總算逃過了言禍，在「反右運動」中倖免於一頂「右派」的棘冠。天真的詩人哪懂得，「欲加之罪，何患無辭」！一九五七年二月，他發表長詩〈葬歌〉，真誠地抒寫「我們知識分子決心改造思想與舊我決裂」，卻受到「個人主義」的譏評。五月七日，在《人

穆旦、周與良結婚照

民日報》發表諷刺詩〈九十九家爭鳴記〉，這首詩後來被批判為「毒草」、「向黨進攻」，也被作為定罪的依據之一。

　　「反右」中受到批判，被迫寫了檢討。這些只不過是他的厄運的序曲。一九五八年底，一頂「歷史反革命」的帽子憑空扣在了一位萬里來歸的愛國詩人的頭上，「機關管制三年」，而他的「反革命罪證」正是當年愛國從軍，參加抗戰！從此開始了二十年的賤民生涯，株連全家，「文革」期間又受盡折磨，書籍、手稿、一些家庭用品，被褥、衣服等都當「四舊」被拉走，親友回避，詩神無蹤。

　　夫人周與良回憶道：「『四人幫』打倒後，他高興地對我說『希望不久又能寫詩了』，還說『相信手中這隻筆，還會重新恢復青春。』我意識到他又要開始寫詩，就說『咱們過些平安的日子吧，你不要再寫了』。他無可奈何地點點頭。我後來愧恨當時不理解他，阻止他寫詩，使他的夙願不能成為現實，最後留下的二十多首絕筆，都是背著我寫下的。他去世後，在整理他的遺物時，孩子們找到一張小紙條，上面寫著密密麻麻的小字，一些是已發表的詩的題目，另外一些可能也是詩的題目，沒有找到詩，也許沒有寫，也許寫了又撕了，永遠也找不到了。」

　　在無法寫詩及發表詩作的日子，穆旦以梁真或查良錚的署名開始他的譯詩工作，王佐良說：「他早已精通英文，後來又掌握了俄文，回國之初就譯了大量普希金的詩，包括《歐根‧奧涅金》。後來他轉向英國浪漫主義詩，艾略特的《荒原》就是他重譯而且仔細加註的。他的最主要的成績則是拜倫長詩《唐璜》的全譯本，全書十七章十四節都以略加變通的義大利八行體（ottava rima）為格律譯出，保持了拜

倫的口語體以及諷刺藝術的幾乎一切特
點，讀起來像原著一樣流暢生動。」

夫人周與良說：「良錚譯詩，是
全身心投入，是用全部心血重新創作，
經常為一行詩，甚至一個字，深夜不能
入睡。他常說，拜倫和普希金的詩，如
果沒有註釋，讀者不容易看明白。他的
每本譯詩都有完整的註釋。偶爾他也對
我說，『這句詩的註釋就是找不到。』
為了一個註釋，他要跑天津、北京各大
學圖書館，北京圖書館等。他跌傷腿以
後，還拄著枴杖去南大圖書館找註釋。
尤其《唐璜》的註釋，他花費了大量的
精力和時間，查閱了大量文獻，雖然出
版時未被採用，至今我還保留著厚厚一
本註釋。去醫院進行手術前，他曾對我
說：『我已經把我最喜愛的拜倫和普希
金的詩都譯完，也都整理好了。』他還
對最小的女兒小平說：『你最小，希望
你好好保存這個小手提箱的譯稿，也可
能等你老了，這些稿件才有出版的希
望。』他最關心的是他的譯詩，詩就是
他的生命，他去世前沒給家人留下遺
言，這些就是他的遺言。」

穆旦的譯著

一九七六年三月三十一日穆旦在給孫志鳴的信中寫道「我在周總理逝世後十天，摔了一交，跌下自行車，右腿股骨頸折斷（又又進一些），至今已七十天了，還沒有全好，每日躺在屋中用拐走路……」。在一九七六年六月十五日的信中再次寫道：「我的腿真該詛咒，再過四天就五個月，可是還未全好，還得用一拐支著，現在每天練習多走，以期快好。看樣子也許得六個月？」。然而六個月，又六個月過去了，詩人的腿傷還是沒有好。穆旦在一九七六年十月三十日、十一月七日和一九七七年一月十二日給郭保衛的信中寫道：「現在我的骨折生長不佳，又裂開一縫，必須開刀，釘釘子，還要重新養起。不過馬上動不了手術，因為醫院無床位……」；「我每日在校內近處走動，用著雙拐。現在是等待醫院對普通病人開放床位。目前由於有震情，所以不開。心情並不很好。」；「我現在等過春節，過了節，就打算進醫院，狠一下心作手術，那麼我們有兩個月就不便寫信了，主要是我臥在床上大概寫不了……」。看來醫院終於對穆旦開放了床位，不料，還沒來得及動腿部手術，在一九七七年二月二十五日下午他心臟病突發，二十六日凌晨病逝。穆旦在上手術桌前，心情是等待多時的輕鬆吧。他大約覺得再過幾個月又可以健步如飛，可以繼續寫他的詩歌，繼續完成他對普希金的譯著。身為詩人，常有額外的苦難，但是也有格外悠長的青春，虛齡六十歲的穆旦，還有多少的詩情沒有釋放、多少計畫等待完成啊。然而詩人是帶著開敞的傷口死去了。這是多年來身心備受摧殘的必然後果。

一九八〇年七月，《唐璜》終於由人民文學出版社出版，立即成為公認的文學翻譯的經典巨著。一九八一年，南京譯林出版社重新

出版穆旦過世前精心修訂過的《普希金抒情詩集》兩大卷（一九五四年上海初版）。一九八六年，一本《穆旦詩選》，幾經周折，才由人民文學出版社出版，只選五十九首。直到一九九六在詩人逝世二十週年前夕，一部《穆旦詩全集》終於由中國文學出版社在北京發行了。這部詩集收錄詩人從中學時代的「少作」到悴然逝世前的殘稿，共一百五十餘首。正如編者所說：「正是這樣一部由『抹去詩與生命之界』的『殉道者』用超絕的詩藝與堅韌的生命熔鑄成的《詩全集》，在現代詩史上留下了一座卓異的里程碑。」

學者巫寧坤說：「《穆旦詩全集》中最動人的是一九七六年寫的二十七首詩。澎湃的詩情在被迫噤若寒蟬二十年之後，竟又在短促的最後一年中再現輝煌，宛如漫天陰霾之後的晚霞夕照，令人為之目眩，幾乎是一個奇跡。穆旦的晚年是十分寂寞的，正如汪曾祺早在一九四七年讀過《穆旦詩集》後就慨乎言之的：『詩人是寂寞的，千古如斯！』半生的追求、無盡的苦難、深沉的幻滅，都升華為爐火純青的對生命的詠嘆。」

〈智慧之歌〉哀嘆「我已走到了幻想底盡頭」，愛情消逝，友誼被「生活的冷風鑄為實際」，「迷人的理想終於成笑談」，剩下的只有日常生活的痛苦，詩人只能直面慘淡的人生：

> 但唯有一棵智慧之樹不凋，
> 我知道它以我的苦汁為營養，
> 它的碧綠是對我無情的嘲弄，
> 我咒詛它每一片葉的滋長。

〈沉沒〉絕望地驚呼「身體一天天墜入物質的深淵」：

愛憎、情誼、職位、蛛網的勞作，
都曾使我堅強地生活於其中，
而這一切只搭造了死亡之宮。

《穆旦詩全集》的壓卷之作是那年十二月寫的〈冬〉，四章六十四
行，唱出了「人生本來是一個嚴酷的冬天」的哀歌，淒婉欲絕：

我愛在淡淡的太陽短命的日子，
臨窗把喜愛的工作靜靜做完；
才到下午四點，便又冷又昏黃
我將用一杯酒灌溉我的心田。
多麼快，人生已到嚴酷的冬天。
……
我愛在雪花飄飛的不眠之夜，
把已死去或尚存的親人珍念，
當茫茫白雪鋪下遺忘的世界，
我願意感情的熱流溢於心間，
來溫暖人生的這嚴酷的冬天。

儘管最後詩人的心中有一股暖流緩緩的出現，在不由得升起希望時，希望卻又落空了。詩人這時卻因心臟病突發，而死在手術台上。它宛如不幸的天才詩人為自己作的墓誌銘。

二〇〇五年末，人民文學出版社出版了八卷本的《穆旦譯文集》。二〇〇六年四月，兩卷本的《穆旦詩文集》也已面世，這是到目前為止收錄穆旦譯文和詩文最為完備的專集，首次系統整理出版，幾乎囊括了穆旦的全部作品。

欲待相忘怎忘得
——田漢的錯綜情路

田漢被稱為中國話劇的奠基人，他終其一生，創作了話劇、歌劇、電影、戲曲等劇本達百部以上，儘管其中包含著成熟與幼稚、突進與回旋、動人與乏味，瑕瑜互見，良莠不齊，而經過幾十年時光的篩選，現在仍具藝術價值的已不多見。但整體而言，他的劇作展示了中國現代話劇發展的軌跡，確是無庸置疑的。而田漢更創立「南國社」，有人譽為「中國之有新戲劇，當自南國始」，道出了南國社在中國話劇史上的地位。南國社出現於一九二七年冬，但孕育於一九二四年，直到一九三〇年被國民黨查封為止，前後存在近七年之久。它是一個以戲劇為主體而又兼及文學、電影、美術和音樂的藝術團體，但因其戲劇成就極為突出，因此一向被視為一個戲劇團體。它幾經挫折，歷經坎坷，汲取現代戲劇的經驗與教訓，頑強地從事著戲劇的活動，堅持社會性、藝術性和舞台性的統一，糾正了墮落的文明戲和陷入迷

途的愛美劇在觀眾中造成的不良影響，鞏固並發展了話劇在現代文藝史上的地位，其貢獻是十分突出的。

　　田漢，原名壽昌，一八九八年三月十二日，田漢出生在湖南長沙一個小山村，他的父親是個身體羸弱的讀書人。田漢六歲那年，父親去世了，母親易克勤帶著三個孩子艱難求生。田漢自小聰慧，過目成誦，因此很得舅父易象（梅臣）的喜愛。易梅臣有革命傾向和維新思想，不拘封建禮節，他家中只有一個女兒漱瑜，因此，他把田漢當成兒子一樣看待。田漢自幼喜好戲劇，一九一二年考入湖南省立長沙第一師範學校；在學期間，曾將京戲《三娘教子》改編為《新教子》在《長沙日報》發表。一九一六年畢業後，得易梅臣的資助，入日本東京高等師範學校深造，而且贏得表妹易漱瑜的愛。田漢和表妹漱瑜從小就很親密，常在一起討論文學和學校裡的事情。久而久之，兩人心裡都產生了異樣的感情。舅父察覺到了，他很喜歡田漢，覺得他可堪造就，就和母親、

田漢

妻子和姊姊易克勤一起商議田漢和漱瑜
的婚事。不料，妻子嫌田漢家窮，説：
「我就這麼一個女兒，要嫁也不能嫁到
蹲叫化棍的地方都沒有的人家去呀。」
易梅臣很生氣説：「你這是甚麼話！
我姐家怎麼啦？你呀，就知道嫌貧愛
富！」但這事還是被擱了下來。後來田
漢去了日本留學，他和漱瑜經常書信往
來，感情愈見加深，但漱瑜的母親想趁
田漢在日本求學之際，把女兒許配給一
個姓陳的大鄉紳的兒子。而恰好此時，
田漢利用學校放暑假回國探親。在表舅
蔣壽世的幫助下，漱瑜從家裡逃出，和
田漢去了上海，找到漱瑜的父親。易梅
臣沒有責備他們，先讓他們住上一陣子
之後，便安排女兒和田漢一起去日本留
學了。

　　在東京的那些日子裡，田漢和漱瑜
的感情越來越深，不過時而也有些小摩
擦。在田漢寫的情詩裡，曾記錄著：在
一個初冬的夜裡，她傷心地跑出屋外，
一個人站在林間，任憑寒冷的晚風撲面
吹來。詩人隨後趕到，苦苦相勸她回

易漱瑜

屋,「林間有些什麼呢?／幾枝枯樹,／樹上有一隻鳥兒,／啞啞的不住──／您聽它一聲聲地／勸您回去!」她淚珠盈盈,也不作聲,只扭過臉兒獨自站在樹下不肯回去。詩人雖一時弄不明白是怎麼回事,但還是趕緊掏出一條汗巾兒殷勤地替她拭淚,又脫下自己的斗蓬替她披上,一番肺腑之言終於打動了她:「自小就一塊兒玩,／了無疏隔。／況復同在異鄉,／同為異客?／莫因看見了浮雲,／謂月兒不白。」於是,戀人間驟起的情感微瀾漸漸平息,月亮清澈地照著他們倆慢慢地相攜回家。促使田漢與漱瑜結合的原因,實際上來自於一樁家族不幸事:舅父因在長沙從事革命活動,被軍閥趙恒惕殺害。噩耗傳來,兩個年輕人抱頭痛哭,他們彼此撫慰、彼此相依。田漢感到了一種責任:過去是舅父照顧自己,今後自己應當照顧好漱瑜,不辜負舅父的信任,接受他為自己安排的婚姻。

一九二二年秋天,留學日本六年的田漢,接受了上海中華書局編輯所的聘職,攜已懷孕的妻子易漱瑜回到上海。田漢在留日期間,受到外國話劇影響,開始他話劇事業。一九二○年,他創作的《環球璘與薔薇》與《靈光》被留日學生搬上舞台,他本人也導過了一個沒有腳本的劇《不朽之愛》(後來改成劇本《戰友》)。後來頗有些影響的《咖啡店之夜》等也寫於東京。其間,他先後參加少年中國學會和創造社。但由於思想分岐或感情隔閡,更加之藝術趣味相異的緣故,使得田漢終於自立門戶,於一九二四年一月創辦了《南國》半月刊,這可視為南國社的濫觴。《南國》半月刊「欲在沉悶的中國新文壇鼓動一種清新芳烈的藝術空氣」,刊登創作、通訊,而從第二期起又附刊南國新聞,注重戲劇、電影及出版物的批評。田漢追慕威廉‧勃萊克

（William Blake）的風範，刊物從出資、
編輯、校對、折疊、發行等全由他和漱
瑜勉力支撐，而由於心力兩疲，漱瑜竟
因此病倒。於是不得不在出刊第四期後
宣告停刊。

　　一九二四年八月下旬，田漢帶著
漱瑜返回湖南養病，但病情病沒有多大
起色，次年元月十四日，漱瑜便永別人
間了。那一天有事在長沙的田漢，突然
接漱瑜病篤的信，他跋涉七、八十里路
急速趕回，只見漱瑜已是病骨支離，欲
哭無淚，她不要田漢再離開她，她要田
漢送她的終。田漢心如刀割，不斷地安
慰漱瑜，但當天晚上，漱瑜竟臥在他的
懷裡長睡不醒了。田漢滿含珠淚寫下如
此的詩句：「兩聞危篤殊難信，細雨寒
風奔到門；掀帳挑燈看瘦骨，含悲忍淚
囑遺言。生平一點心頭熱，死後猶存體
上溫；應是淚珠還我盡，可憐枯眼尚留
痕。」另外他還寫了十首悼亡詩，以寄
託自己的哀思。

　　據弟弟田洪的回憶，漱瑜在臨終時
對田漢說：「我們夫妻一場，你能為我

第二位夫人黃大琳

173

送終，我是幸福的，你不要太難過了。我死後，你要為海男找個好媽媽。黃大琳是我的好朋友，我和她數度同學，情如姐妹，你要是能同她結婚，她會照顧好我的孩子的。」黃大琳生於一九〇五年，是湖南長沙東鄉人，她比漱瑜小三歲，三歲時祖母曹氏帶她投奔到吉林。漱瑜六歲在吉林上幼稚園時，她倆便成了同學，親如姐妹。後來漱瑜隨父南歸，大琳也隨祖母回青島，十歲時大琳又由青島到了長沙，在鄉裡讀了兩年書後，聽說漱瑜在省城裡的周南女校讀書，便也轉學到周南女校，兩人又成為好同學，雖不同年級，但卻同一個床睡覺。後來漱瑜瞞著母親要隨田漢去日本，大琳似乎感覺到她們要分別，她一個勁地囑咐：「姐姐，你是一定要回來的啊！」這一別，直到一九二四年深秋漱瑜病重回長沙調養，在大琳堂叔黃衍仁家小住時，兩人才又見了面。大琳此時在湖南省立第一女子師範讀書，儘管她臨近畢業，功課繁重，她依然經常來探望漱瑜的病情，即使後來田漢將漱瑜送回鍋底塘鄉下，大琳也經常有信來。

　　因著這樣的關係，田漢到省城後，就寫信把漱瑜去世的情形告訴大琳，又把一些遺物送給她，還把他作的十首悼亡詩給大琳看。而在此之前大琳已知道漱瑜去世的消息，為失去知己，她已經不知哭過多少次了，而聽了田漢的話，她更是被感動了。從此，他們的通信便頻繁起來。後來田漢的家遷居長沙南門外社壇街祇園，離大琳的學校很近，大琳也常常去看望田漢。她很愛海男，常送海男一些好玩的東西，很快海男也同她親熱起來。田漢與黃大琳的關係雖然一天比一天親密起來，但也曾發生過一些矛盾和誤解，並不像那些攻擊田漢的人猜想的那樣「他們事實上已經結婚了」。他們的結婚是在兩年以後。

　　一九二七年二月十九日，田漢與黃大琳在上海結婚了。當時，歐陽予倩夫婦、吳家瑾夫婦、唐槐秋、郁達夫、徐悲鴻等文化名人皆來祝賀。婚後的生活緊張而忙碌，對烹調陌生的大琳買來相關的書籍，現學現用。田漢熱情豪爽，常留摯友在家小酌，暢談戲劇。大琳也就常冒昧詢問來賓的習慣口味，盡量讓他們吃得盡興。稍有閒暇，大琳還要速記田漢突發靈感所口述的劇本草稿。那時田漢的經濟並不寬裕，為了日常開支和償還借款，大琳典當了心愛的皮衣和金銀首飾，就連舅媽、叔父給她的私房錢也拿來貼補了家用。她把這些當作同甘共苦，以全力支持田漢的戲劇事業。

　　但只兩年多的時間，也就是一九二九年十一月兩人便告分手。在外人看來，分手的原因似乎是在黃大琳方面。田洪、陳綺霞回憶說：「由於黃不愛學習，哥哥一寫文章，她就大吵，所以結婚後不到半年（案：應為兩年）就離婚了。」而南國社社員吳似鴻則說，黃大琳「與田漢人生目的不同，她要過安定的小家庭生活，而田漢卻是個要大幹實幹的社會活動家，又是勤奮走筆的作家，當然就不能把愛情全副付給妻子。這樣雙方矛盾早已存在，到一九二九年的冬季，雙方正式鬧離婚。有一天，我們好幾個社員坐在田漢的寫作室裡，聽田漢講婚姻的苦處，他說：『婚姻是一條繩索套上脖子，好不自由，最好不結婚，用情人制。』」但據《田漢評傳》作者劉平指出，解放後黃大琳曾經給田漢寫過一封信（未發表的手稿），在信中黃大琳說：「自從漱瑜死後，我和您來往，家裡反對，但我並不因此斷絕了友情。我知道您家窮，可我從來沒有嫌過，我還是和您結了婚。」黃大琳承認自己「缺點多，年輕好玩，沒有盡到『賢妻良母』的責任，缺乏政治頭

腦，渾渾噩噩的過日子」，她說那時「年紀輕，不諳人情世故，不知道避嫌」，而做出了一些不必要的麻煩事，引起了田漢的疑心。這麻煩事是指她與葉鼎洛的事，有一次葉鼎洛向田漢要路費到安東去，田漢一時籌措不出，黃大琳為了解決彼此的困難，當掉了自己的皮襪。她當時想，葉先生是自己中學時代的老師，又是田漢的朋友，急人之急，解田漢之急，所以就這樣做了。而又有一次，葉鼎洛拆了床燙曬臭蟲，卻又頭痛沒處躺，黃大琳就讓他躺在自己的床上（案：當時他們都住在南國藝術學院宿舍裡），黃大琳坐在一邊吃花生。田漢回來後看到這情景，「馬上又走了」，後來「許久時間沒回來過」，黃大琳說她「也不知為什麼」。（而直到他們離婚後的約十年後，劉雯卿才告訴大琳，田漢是為此事才離婚的。）黃大琳信中說：「那時，我真難過極了。我可以發誓，我不會做對不起你的事的。葉先生教我般的圖畫是在我和您認識之前，那時，我何必不和他相愛，而要等到了已婚之後，再來做這有虧品行的事呢？」而由於她當時並不知道田漢為此事生氣，因此她並沒向他解釋。而此時田漢卻又陷入另一個「三角戀」的戰局裡，黃大琳看到田漢與安娥的交往，還有和林維中的魚雁往返，她心中極為氣憤，於是她賭氣到廈門去，想讓葉鼎洛幫她找個工作，這更加重了田漢的疑心，於是田漢正式提出離婚。

其實在他們婚後不久有一天下午，南洋教師林維中來到上海漁陽路的田宅，黃大琳還以為是田漢新結識的朋友，趕緊請坐、上茶，又上街買水果，然而當她回來時，田漢卻已帶著林維中去蘇州、太湖等地遊玩了。在黃大琳的心中林維中的介入，才是他們分手的主因。黃大琳在信中說：「當時我很傷心，但也倔強地接受了。因為您和左小

姐交好，和林小姐通信，我都有所聞。
林維中從南洋寄來罵我的信，我在您公
文屜中看見過，還有林維中給您的掛號
信，內容是要求您和我離婚和她結婚，
否則要您還她的錢──要本不要息的這
封信，我也看見過。那時候，您對我沒
有感情，所以您提出來，我也只有同意
退讓。」

　　離婚後，黃大琳在田漢的資助下，
在一九二九年仲冬之際到日本留學。臨
別時田漢送給她贈言寫著：「為著我們
的精神的自由，為著我們不渝的友誼。
我決然與你小別了，親愛的大琳。」黃
大琳在東亞日語補習學校期間，還兼任
《南國月刊》的特約通訊員，以「白小
璐」為筆名，介紹留學生在日本的學
習、生活狀況。黃大琳在學習期間，又
兼職一所華僑中學的音樂教師，這樣總
算勉強維持日常開銷了。一九三○年寒
假，黃大琳回上海探望堂叔黃衍仁。第
二天清晨，田漢聞訊後便匆忙趕到黃大
琳下塌的大東旅社。黃大琳萬萬沒想到
田漢會來看她。臨別之際，田漢邀請黃

第三位夫人林維中

大琳一道去家裡吃午飯，想到此時田漢已和林維中結婚了，黃大琳辭謝了他的美意，為了不讓林維中婚後的生活有一絲陰影，黃大琳在上海僅待了兩天，就毅然回東京了。

而遠在易漱瑜過世沒多久，田漢在一九二五年《醒獅周報》上創辦的〈南國特刊〉上，發表了許多悼亡詩。而這些詩感動了一位蘇州姑娘，她叫林素雯（又名林維中）。她當時在南洋教書，她訂了很多國內報紙，是從報紙上看到這些詩的。而從林維中的來信，田漢驚訝地發現她竟是因逃婚而從上海到南洋的一位女子。林維中原先在上海哈同女校讀書，因為天資聰穎而又勤奮好學，一直是學校裡成績優異的佼佼者。不僅如此，又長得丰姿綽約。富商哈同夫人因此相中了她，拉著她的纖纖素手要她答應與她的兒子訂婚。林維中驚呆了，一時竟無言以對。哈同夫人誤以為她答應了，笑吟吟地指著茂樹繁花簇擁下的西式洋房和中式亭榭說：「他是我最喜歡的一個兒子。將來你和他結了婚，就住在哈同花園裡。」林維中不願再待下去，藉口家裡有事就匆匆地走了。從此她遠遠地躲著哈同夫人。但哈同夫人卻是真心喜歡她，於是她讓人去林家下了訂婚聘禮。林維中得知後，便連夜逃婚到南洋。在南洋她過得很順心，學生們喜歡她，僑民們也喜歡她，很多有錢的富家子弟追求她，向她求婚，她都拒絕了。她想找一位有文化的丈夫，於是她給田漢寫了一封信，表示她的同情與慰問，還說願意照顧他的孩子和生活，幫助他「轟轟烈烈做一番事業」，且使他「無後顧之憂」。田漢收到信後，認為林維中是個大膽熱情的女子。他想：「只有男子向女子求婚，從沒見過女子向男子求婚，但不知道這位姑娘漂亮不漂亮？」於是很快回了

信，並讓林維中寄一張照片來，他也寄去照片一張，兩人從此魚雁往返不斷。

一九二八年夏天，林維中利用暑假回上海與田漢見面。田漢親自去碼頭迎接，由於彼此從未見過面，於是雙方各拿著對方的照片。這次見面，彼此都對對方產生好感。當時，田漢正在貧困之中帶領學生創辦南國藝術學院。林維中聽說田漢辦學沒有錢，立即把她積攢下的五百元交給田漢，表示支持他的事業。田母聽說了這件事，很高興。但她對田漢說：「現在很多女子都是喜歡玩，林維中能夠在事業上支持你，很了不起。不過不能用她的錢！」田漢尊重母親的意見，只花一百五十元搭了一個小舞台，然後他把剩下的錢仍退還給林維中。假期結束，林維中又去南洋教書。「臨別時雙方約定，待林結束在南洋的課程後，再回國結婚。」林維中一到南洋，便給田漢寫來熱情洋溢的信，「……有人問我，『誰送你上船的』。我說：『我的小嫂和一個女朋友，還有……』在我說出你們幾位的名字的時候，我是多麼驕傲，多麼榮耀，就是問我的人也以為我是個什麼了不得的人物。啊！我何幸得你們這樣的厚待，我真感謝極了。」（見林維中〈從火山之傍〉一文）。田漢更勉勵她多讀書，他還經常把自己的著作和國內出版的好書，寄給林維中，希望她在文學創作上得到好成績。每逢接到田漢寄來的書和信，林維中的「心已經醉了」。她寫信給田漢說：「有人罵我，或錯怪我，我必定要和他爭個是非才停。於您則不然，假如您說那張桌子是鐵打的，我必定跟著您說：『先生，是的，那張是鐵桌子呀。』」對於田漢的鼓勵，她更是感激，「我想我不是朽木，將來終有可雕的一天。」

一九二九年新年剛過，田漢率領南國社去廣州公演，在繁忙中，一個月之內他給林維中寫了七封信，其熱戀之情可見一斑。然而在此期間，兩人也曾發生過很不愉快的事情。田漢說：「南國社成立，經我三弟手向她借了一點錢，後來我五弟到星洲工作又曾託她照顧，也許是他們之間有些衝突吧，她忽然來信說：『你們兄弟真是天下烏鴉一般黑。我於今只要你把我借給你的錢，全部還給我，一絲一毫也不多要。』我看了非常不愉快，我們兄弟怎麼樣是一般黑的『烏鴉』呢？我平日不大喜歡談到錢，尤其詫異的在相愛的男女之間，會如此計較到錢，而且一絲一毫也記得清楚？我對她開始幻滅。正當此時，中國革命潮流高漲，我認識了安娥，我轉向了她。」

安娥

安娥，原名張式沅，又名張英。一九〇五年十月十一日生於河北省獲鹿縣范譚村。七歲時隨母親遷居保定，就讀於保定女師附小。一九二〇年就讀於保定二女師附中，次年隨父親去北京，

入女一中就讀，完成中學學業。一九二三年夏，考入北京國立美專西畫系學習。與美專同學、中共黨員鄧鶴皋關係甚密，在他影響和介紹下，安娥在一九二五年加入共青團和中國共產黨。一九二六年與鄧鶴皋結婚，鄧鶴皋比安娥大三歲。同年六月，鄧鶴皋受中共北方區委負責人李大釗派遣到大連擔任地委書記，安娥同行在大連從事女工運動。一九二七年一月，安娥被派往莫斯科中山大學學習。剛到莫斯科不久，安娥聽蕭三說，鄧鶴皋被捕，被判處死刑（其實是個誤傳）。後來，她同中山大學職員、地下黨員鄭家康聯繫上並相結合。鄭家康先讓她注意反對派的行動，後來又介紹她去蘇聯國家保衛總局，由此安娥開始她的特工生涯。一九二九年十一月安娥回國時，中共地下組織正遭遇大破壞，不久，已回國的鄭家康也被捕犧牲。

　　同年，經南國社學生左明介紹，安娥來到南國社，同田漢相識。田漢見她清秀的眉目間頗有幾分英豪氣，很有些喜歡。安娥落落大方地與田漢握手，說：「看了田先生寫的戲，就很想當面一見。田先生果然是戲如其人。」初次會面，兩人都留下了很好的印象。這以後安娥便經常來找田漢，帶著她寫的一些署名安娥、蘇尼亞的作品，也帶來她對田漢的滿腔愛慕之情。面對她主動而又熱烈的愛情表白，田漢也激情難捱。從第一次見面，田漢就對她隱隱地產生了一種特殊的感情，就好像是他又回到了東京，又遇見了白薇、康景昭這樣美麗的女性。不，他覺得這回的感受好像還要強烈得多，絲毫不亞於林維中給他的溫柔多情。但他考慮與林維中有約在先，況且林維中在他辦學最困難的時候幫助過他，他不能對不起她。他只得隱忍下自己的愛慕之情，但安娥是個襟懷開放的女性，在她得知田漢已有婚約

在先，心裡雖很失望，但卻能很快地把兒女之情暫放一邊，她只要求田漢不要拒絕和她的文藝交往。不久，田漢便將她署名蘇尼亞的小說〈莫斯科〉發表在《南國月刊》上，並在「編輯後記」作特別介紹和評價。

　　一九三〇年秋，南國社被查封，田漢被迫轉入地下，隱居在江灣路一帶，不能公開露面，於是安娥就成了他的聯絡人。當時，田漢已參加了「左聯」和「自由運動大同盟」等組織，思想上要求進步，安娥便動員他入黨。在王禮錫的回憶中，充滿革命熱情的安娥這一時期對田漢的影響是非常顯著的。「田漢非常稱譽她的思想，自認其思想轉變與她有關。有一回，寧波某學校請田漢講演，她陪伴同去，中途幾次談話，就使他的思想轉變了。田漢是個性格很強的人，而他的個性竟為一個女性所降服，可見這位女性的魄力有多麼驚人。」由於工作上聯繫的頻繁，兩人遂產生了感情，並開始同居。而這時林維中從南洋回來，田漢又不能忘情於林維中，於是他就夾在兩個女人之中。田漢說林維中從南洋回來時，「在我親戚雷家與我流涕相見，我甚至要安娥替我租好房子與林女士結合。」而安娥照辦了，她的感情受到的傷害可想而知的，因為當時她已懷有田漢的孩子了。

　　一九三一年初，田漢終於和林維中結婚了，地點在上海南京路福祿壽酒家。但婚後田漢仍不時到安娥那裡去，也因此引起家庭的紛爭。同年八月，安娥生下兒子田大畏，但此時正值左翼戲劇運動高漲時期，安娥立即化名丁娜加入大道劇社，參加演出活動。安娥憑藉自己曾留學蘇聯、俄文較好的特長，將蘇聯作家拉普列涅夫的小說《第四十一》改編為話劇《馬特迦》，上演後轟動一時。在《樑上君子》

等劇中，安娥更是粉墨登場。而為支持大道劇社的工作，田漢也創作《姊姊》等劇本。不久，安娥因工作繁忙，帶著孩子行動不便，加上她忍受不了這三角戀愛的痛苦，尤其田漢的母親一直認為她是不正經的女人，於是她把孩子送回保定給母親撫養，同時她把這段感情生活當作「毒酒」，她「不願再喝了」，直到一九三二年「一二八」時，她才返回上海。

而據唐槐秋夫人蘇之卉的回憶說：「當時，田漢與林維中、安娥發生三角戀愛，吵鬧不休。後來請陽翰笙、唐槐秋、任光進行調解。陽翰笙、唐槐秋做林維中的工作，任光做安娥的工作，才暫時平息下來。在此過程中，任光與安娥產生了感情。後來兩人結了婚。」

任光，一九〇〇年十一月九日出生在浙江嵊縣的一個石匠家裡。他自幼喜愛民間音樂。一九一七年中學畢業後，考入上海震旦大學。一九一九年赴法國勤工儉學，一面做雜工，一面學習鋼琴調音技術和作曲，後進入里昂大學音樂系學習。一九二四年至一九二七年在越南法商亞佛琴行任技師。一九二八年回國後，在上海百代唱片公司任音樂部主任。

安娥不堪忍受三角戀的痛苦，騙田漢說，孩子死了，並接受了任光的愛。經任光的介紹，安娥進入上海百代唱片公司歌曲部工作。兩人合作創作了大量旋律悅耳、意境優美的歌曲。此後的四年時間裏，安娥為〈女性的吶喊〉、〈漁光曲〉、〈賣報歌〉、〈打回老家去〉、〈路是我們開〉、〈我們不怕流血〉、〈抗敵歌〉、〈戰士哀歌〉等進步歌曲和救亡歌曲，創作歌詞。其中一些優秀作品，更是歷經歲月的滌蕩，至今仍在傳唱。

一九三五年田漢因政治傾向，被國民黨關押在南京時，每天早晨，看守他們的部隊都唱〈漁光曲〉，田漢聽了別有一番感觸，他寫下〈獄中懷安娥〉的詩句：「昔年倉卒學逃亡，海上秋風客夢長。斗室幾勞明月訪，孤衾常帶素薇香。君應愛極翻成恨，我亦柔中頗有剛。欲待相忘怎忘得，聲聲新曲唱漁光。」據說林維中看到這首詩後，非常生氣。因為自田漢被捕後，一直是她在東奔西跑，帶著女兒田野（瑪莉）在送牢飯。而田漢在獄中生了背花瘡，林維中更是找到在南京中山大學任教的徐悲鴻，請他幫助出面找人保外就醫。

一九三六年，誤傳已經犧牲的鄧鶴皋曾找過安娥。此時，安娥正同任光生活在一起，但她並不感到幸福。每年流產一兩次，身體一直處於虛弱的狀態，經常住醫院療養。同年九月，她與任光同去南京，出獄後的田漢曾陪他們遊覽金陵名勝。抗戰爆發後，安娥曾大病一場；爾後她資助任光先後去巴黎和新加坡等地，在華僑中推動、組織抗日救亡歌詠運動。但兩人的感情生活，也劃上了句點。

一九三七年十一月十二日，上海淪陷。次日，田漢從上海乘船向內地轉移，在船上與安娥不期而遇。安娥告訴田漢「孩子尚在，而且也長得很高了。」這又一次激起了田漢的舊情。一九三八年田漢在武漢參加「三廳」工作時，安娥也在武漢組織了「中華婦女慰勞自衛抗戰將士總會戰時兒童保育會」，保育會的發起「宣言」即出自田漢之手。由此，田漢與安娥之間的感情「迅速復活」。但當時田漢還是理智的，他「執拗地不能忘情於林女士」，「寫信接她按兩個孩子來武漢」。而後來武漢危急，林維中才帶著孩子乘船到重慶；而田漢則與「三廳」一塊撤退到長沙。一九四〇年奉命去重慶，「與林女士及兒

女們歡然會合，一時也過得頗好。」而在武漢撤退時，安娥作為戰地記者，她赴五戰區老河口前方採訪，後從老河口經漢口接了兒子也到重慶，這遂使田漢與林維中的感情緊張起來。田漢面對三個兒女兩個家庭，他「難於斷然取捨」；而就在田漢「苦悶」之時，林維中卻「一鬧張家花園（文協所在地），在鬧兩路口車站」，使田漢「遭受社會非笑」，大大傷害了田漢的自尊心。而據劇作家趙清閣回憶，重慶大轟炸時安娥曾住在她家過，「這期間，一天晚上音樂作曲家任光來找安娥，據說他要去前方參軍，發現有人盯梢，好不容易扔掉了尾巴；為了翌日離開重慶，他要在我家過一夜。這天夜裡我們關了電燈摸黑談話，任光顯得很緊張，安娥很鎮定；黎明時安娥護送任光悄悄地走了，永遠地走了！（大約一年後，聽說任光在西北戰場犧牲了）。」一九四一年一月六日，這位革命音樂家在「皖南事變」中犧牲了，年僅四十一歲。

安娥與史沫特萊

「皖南事變」後，形勢變得十分險惡，田漢也被迫離開重慶，但他向周恩來表示不想去香港，打算回湖南照顧年邁的母親。但這一決定顯然並沒有得到林維中的贊同。田漢說：「重慶有什麼值得她這樣留戀的呢？很簡單，那兒政治部還有一點薪水、津貼和平價米，全由她一人領取。」同年秋天，日軍攻佔長沙，田漢帶著母親和三弟夫婦倉皇逃到桂林。不久，安娥從重慶來到桂林找田漢，這段期間，安娥除協助田漢工作外，主要精力放在收容難童工作和開辦兒童學校上，後來還創辦了一個四維兒童劇團，四處巡迴演了不少戲，一時聲名鵲起。

一九四一年冬，田漢創作了五幕話劇《秋聲賦》，該劇描寫革命文化人徐子羽在秋意蕭瑟的桂林堅持文化工作，其妻淑瑾不能理解他的工作，而常與之口角。他的舊愛胡蓼紅為了愛情從重慶趕來桂林，她主動熱情的追求，使子羽處於情感矛盾和危機中。蓼紅愛子羽而兼及其女兒大純，她費心與大純培養感情，讓她叫自己媽媽，但遭大純的拒絕。蓼紅因此而重新從事收容難童的工作。與此同時，淑瑾一氣之下，隨徐母一起回到長沙。傳記作家鄒平指出，從劇中人物的身份、人際關係、情感糾葛、性格衝突以及許多細節，不難看出是田漢自己的夫子自道。劇中子羽說：「她同我結婚以前，她允許竭力幫助我，讓我完全沒有後顧之憂，讓我轟轟烈烈做些事業。可是在她同我結婚之後，她懈怠起來了，她沒有能讓我完全解除後顧之憂，實際上她時常就是我的後顧之憂。」也反映出田漢與林維中最終分手的原因。

而在湘桂大撤退時，田漢發現了一封林維中給兒子田海男（案：田漢與易漱瑜所生）的信，信中說她「後悔當初不嫁給哈同的兒子，或

那位印度先生叔斯特里，卻嫁給你爸爸這樣全無心肝的人。」田漢看後「不由得不冒火」。他認為林維中對他的人格「全無認識」，竟對兒子「寫這樣的信」！而林維中對田漢也是一肚子的氣，因為她自認是最愛田漢的，她嫉妒一切與田漢有交往的女性，她恨安娥，她也嫉妒曾在南國社走紅的俞珊，只因她們威脅到她的感情。而一九四五年二月，林維中的兒子田海雲感染腎炎住院，不久死於醫院。林維中告訴田漢這消息，田漢沒有回重慶，而是應瞿白音之邀去了昆明，這也引起林維中的強烈不滿。而田漢的解釋是他得到愛子去世的消息時，「徘徊貴水邊，仰天痛哭」，當即打電報安慰林維中，而因「丟不了工作」，他還是應了瞿白音之邀。

　　抗戰勝利後，田漢與安娥同機回到重慶。安娥帶著兒子田大畏住在黃家啞口中蘇文協，而田漢則到九塊橋與老母、林維中及子女相見。田漢與林維中談及幾年闊別後的情形，對愛兒海雲之死不免重複痛悼。田漢說：「實在說我覺得人生的可憐，原想對『中年喪子』的林女士有所安慰的。」但他從田母那裡得知「林女士對此七十五歲老人侍奉不很周到，老母曾一度氣得由九塊橋含著老淚，爬山走到觀音巖中國製片廠宿舍李也非兄家。也得知雲兒之死，半由林女士玩忽懈怠，雖則市立醫院近在咫尺，但等到送醫院已經不治了」。因此，在重慶的三個月，田漢在感情生活上實際上又重複著以前的痛苦。田漢發現，「幾年不見，林女士殆無甚進步。而無理取鬧的作風比前更甚。」安娥住在中蘇文協，「林女士幾乎每晚去侵擾，挖窗窺洞無所不至，而迄無所得。」一天，劇協在抗建堂請翦伯贊作報告，田漢適在安娥處，林維中忽偕其女友陳伊文女士，「潑水大鬧」。林維中的

安娥

屢次大鬧，使得田漢「實無可容忍」。後來在陽翰笙家他們談到了離婚之事。田漢問林維中：「你要多少錢？」林維中說：「要五百萬。」田漢說：「何必學徐乂乂太太？」林維中說：「徐太太要的是美金，而我要的是法幣。」田漢說：「我是個窮光蛋，出不起那麼些，只能籌三百萬，可由洪深、陽翰笙兩兄作保，一年交完。」後來兩人言語衝突，林維中罵田漢是「畜生」。田漢氣憤地說：「既然如此什麼也不理你了。」然而，事情並未結束。第二天文協在中蘇文協開會，林維中又在場外牆壁上及安娥的門上大貼傳單，來開會的郭沫若和馮乃超先後各扯得一張交給田漢。當時，陽翰笙夫婦曾多方勸慰和責備林維中，但沒有什麼效果。

一九四六年五月四日，田漢到上海。十日，林維中從陽翰笙手裡取走田漢從親友處湊來的一百萬元，並親筆寫了收條。田漢說，他回到上海後，一直不忍「對林女士娘家及親友們」談及離婚之事，他「沒有想到林女士會真要

這筆錢的」。不久，安娥與林維中相繼到了上海，林維中說她拿的是「生活費」，「你能把我怎樣？」田漢說：「似乎當時我老母以下節衣縮食湊足那筆錢，專為的獎勵她的『撒潑』。」田漢說林維中除了在報上攻擊他和安娥外，就是打鬧、要錢。她毀壞田漢居室的紗窗，打碎玻璃，剪斷電線，往屋裡丟石頭，撕毀並拿走田漢五十歲生日時，各方友人如柳亞子、梅蘭芳、臧克家等所贈聯幅，及田漢所書條幅和一本《露和字典》。田漢屢屢遷居，她亦追蹤而至，「侵擾不下十次」。最後一次，林維中先一日到洪深處領得約兩百萬元，第二日便趁田漢去金山灣時，帶著菜刀、剪刀破壞田漢的書桌，檯燈抽屜，拋毀文稿，撕毀出漢所藏《近代劇全集》，並將陳悲兒先生所製的三十六個平劇臉譜一一砍碎，剪破胡馨庵送給田漢的台灣沙發。田漢說：「她要根本摧毀我做學問的工具。」據說，林維中打毀田漢的書室後也曾寫過一封悔過的信給田漢，但事後她又「重操舊業」。（參見劉平著《戲劇魂──田漢評傳》）。

一九四七年十二月，泰山影片公司邀請田漢和安娥到台灣旅行，十二月二十日，田漢與安娥攜女兒瑪莉乘船赴台。林維中得之消息後，從洪深處領了田漢給她的一百五十萬元，立即追蹤而至，並於二十七日在《台灣新生報》發表了〈林維中致田漢的公開信〉，對田漢與安娥進行「迎頭痛擊」。信中說：「壽昌，我的喪盡良心的人呀！我們的女兒那麼大了，我們就算不是夫妻，也是數十年共患難的老朋友了，你竟然如此對我，我是個人，不是耶穌與甘地等之無抵抗主義者，我會一點沒有反感嗎！現在我也後悔，我不該早把你從牢裡救出，讓你在牢裡生搭背，死在牢裡，我頂多痛苦個一年半載，我不

會痛苦到現在，痛苦到死啊！此來我雖然不僅是看你，作你們的眼中釘，一方面我也是來換點新鮮空氣，散散心的，所以請你不必神氣，你就是有天大的學問，也不在我的心上。讀書人不講理等於沒有讀過書的人一樣。你無論躲到天涯或是地角，我總找得到你，但我沒有那麼好的精神，不能學你的賤貨一樣跟東跟西……。」該信刊出後，有台灣大學的一群學生，投書《新生報》——〈致田漢夫人的一封信〉寫著：「……博學如田漢先生者，尚且如此，真令我們大惑不解。文學是人類的燈塔，而文人就是指引人類走向真裡的領路人，如果這個領路人本身也犯著不可原諒的錯誤，這真是大眾的不幸。我們真為自己可憐。我們對那些聲譽炫耀的作品不能不發生懷疑。讀過您的信，我們對於人生越發模糊，什麼純情真誠……騙子罷了，連數十年共患難的夫妻，自己的女兒尚且如此，我們還有什麼可說的呢！因此我們對您與其說是同情與安慰，勿寧說是我們自己的憤慨吧！……」。

為此田漢在一九四八年一月十三日起陸續在《新生報》刊出近萬言的長文〈告白與自衛——並答林維中女士的公開信〉，開始並引王爾德的名言：「吾人常以誤解而結婚，以理解而離婚。」他把自己的「全部感情生活的發展過程詳細告白」，「以正社會視聽」。而且他「也有理由防衛自己」。此文刊畢不久，林維中則再發表長文——〈我的控訴——並覆田漢「告白與自衛」〉，其中對田漢指責她對田母「侍奉不很周到」，及對雲兒之死是「玩忽懈怠」所致，多所辯駁。她說：「當孩子病重的時候，我寫給你的信和打給你的電報要錢和催你回來，孩子也希望能見你一面，而你在近在咫尺的貴陽，非特分文不寄，反而回一電來氣我們說：『不來』。你的娘氣得手發抖，我

是恨不得和孩子葬在一口棺材裡，……西醫不好換中醫，中醫不好，再由郭沫若先生替他募得十幾萬塊錢的醫藥費後再住院，只有四天他就病歿於市民醫院裡。因此我對這孩子之死，余心毫無慚愧，就是有一點後悔。或許因我的憂鬱影響到他的病；或許沒有給他早住在醫院裡療養倒是真的。但是，唉！壽昌：我的先生，我的丈夫呀！你做父親的負了多大責任？……」林維中並指責田漢說：「你說你『從昆明回重慶勢必與林女士重合，這是安娥所不願意的。』屁話，安娥不願意，我為你犧牲盡了一生倒願意麼？我的氣憤也就在此，總之，我們的悲劇是你一手造成的，因為現在你有了人，什麼都是我的不是了，難道你另外弄了個女人，便好說我犯了罪麼？我為什麼要寫悔過書？就是你的所謂我『市井婦女的惡劣行動』，也並不妨害你們的感情，反而增加了你們的所謂『愛』啊，我的所以鬧到張加花園、二路口、中蘇文協；鬧到上海的永樂坊、忠烈祠，以及鬧到現在的台灣，我想不用我多說，你是個文人，最懂得女人之心理的人，我問你：假如一個丈夫，他在外面另有了所愛，作妻子的不會用手段，是不是應該不聲不響的去服毒上吊，或投江自殺？如果你說不應該的，我有那麼大一個女兒，做工作沒什麼有心緒，你說教我怎麼辦呢？……」「我們自從來到上海，你給的一百萬塊錢用剩四十幾萬了。（案：這筆錢田漢認為是「贍養費」，林維中認為是「生活費」）我同女兒二個人吃用穿衣，有時我們娘三個出去看戲、吃點心、付車錢，有時候我看你身上沒有錢，還要一萬兩萬的，不是我就是叫瑪莉塞在你的口袋裡。」

　　一九四八年二月六日，田漢與安娥結束在台灣的訪問，搭機返回上海。他與林維中的「風波」也告結束了。但他在電影《麗人行》

中對梁若英這個人物，多少寄託了一些對林維中的批評。她說梁若英「曾經是出走過的『娜拉』，可是這個社會只歡迎她去做花瓶、家庭的奴隸……我們還應該為此警惕，這是脂粉女子的悲劇……死纏著男人不放，總有一天被男人摔死！」。

　　田漢與安娥，歷盡情感的磨折走到了一起，但是，平坦的人生又有幾何？一九六六年文化大革命開始，田漢就被戴上「叛徒」、「黑幫」、「文藝黑線祖師爺」、「反革命修正主義分子」等等罪名，受到批判圍攻。不久，田漢被關進「牛棚」，每天被揪示眾。一九六八年十二月十日，田漢在經歷了兩年關押的折磨之後，在北京三〇一醫院去世了。死時醫院裡的人都不知道他叫田漢，因為他太有名了，迫害者不得不將他化名為「李伍」。他是暗暗的死，不僅暗其事，而且暗其名。魯迅曾說：「暗暗的死，在一個人是極其慘苦的事」而田漢卻曾這樣經歷過。而更可痛的是，田漢死時，他的母親全然不知，仍然天天盼望著他的歸來。此時，安娥和田漢在細管胡同的住宅，正房已被查封，早在一九五六年因中風失語並半身不遂的安娥，只得留在一間西屋，艱難度日。不能言語的她在見到親人時，常會用大拇指和小拇指表示自己對各式人物、事務的褒貶態度；她也時而拖著病殘的身子，跋涉到親友家，以求親情和溫馨。

　　一九七二年，田漢的母親以百餘歲的高齡溘然而逝，臨終之時，還在喃喃地念叨著：「壽昌兒，快回來吧，媽媽想你！」。一九七六年，安娥也在「政治審查」的迫害中，在地震後北京的混亂和她那艱難無助的孤苦生活中，悽慘地離開人間。她一直苦苦地惦念著田漢，為自己的也為丈夫的冤情而悲憤不已，但她至死也未能再見上一面。

三年後的一九七九年，黨中央才在八寶山革命公墓為田漢舉行了追悼會，但這遲來的「平反」，安娥是永遠看不到的。

　　一九八六年，曾經是他生命中的一個女人的林維中也去世了。而曾經在分手十年後，又在一九三九年五月間在桂林巧遇的黃大琳，後來與一位留學生結了婚。一九五九年她到南京工作，一直住在南京申家巷六號。由於她晚年孑身一人，無子女和親屬，她在南京業餘職工大學教日語時的學生楊明一直悉心照料她。一九八八年十月，黃大琳病逝，楊明為她操辦了後事。據說她留有自傳手稿《荊棘之路》，手稿委婉動人地記述了她與田漢從相知、相戀到結婚，最後離異又相思的過程，披露了她與田漢許多鮮為人知的故事。

與張愛玲齊名的四〇年代女作家——梅娘

二〇〇五年八月《梅娘近作及書簡》出版了，這位成名於二十世紀三〇年代末、四〇年代初淪陷區的文壇才女，當年曾與張愛玲齊名的女作家，在文壇上沉寂了半個多世紀後，以八十六歲的高齡，再度推出她的作品，則不能不令人刮目相看。《梅娘近作及書簡》書中彙集了梅娘的散文近作六十篇，書信八十八封，有關於趙樹理、蕭紅、張愛玲、關露、遇羅克、劉索拉的描寫，以及致丁景唐、丁東、成幼殊、釜屋修、岸陽子等中外名家信札，文字爐火純青。而這位文壇奇女子「生活流程中的許多故事，也都在這本書中。」

梅娘，原名孫嘉瑞，祖籍山東招遠縣。於一九二〇年十二月二十二日出生在海參崴，在吉林省長春市長大。她的父親孫志遠在孩童時代就和他的家人移居到了長春，他從給英國洋行當小伙計做到東北頗有名氣的實業家。出身豪門的梅娘剛兩歲，身為偏室

梅娘

的母親被正房驅逐，從此生死不明。飽受了失去親娘之痛的她，長大後取了筆名「梅娘」，就是取諧音「沒娘」的意思。儘管如此，梅娘和父親的關係很好，她父親鼓勵她自立（像男人一樣），還是個小女孩的時候，梅娘就敢騎馬穿越街道，震驚四鄰。當她四歲的時候，在家裏，同時接受了中西教育，她跟一個前清的拔貢秀才讀經寫字，跟一個俄國老太太學習英語。一九三〇年，當她十歲的時候，在吉林省立女中初中部正式就讀，她受到「五四」新文學的啟蒙，開始用白話文寫作。「九一八」事變，梅娘中斷了學校生活。正是這個時期，她進行了廣泛的閱讀。除了看家裡的藏書外，還買了全套林琴南的翻譯小說，以模仿他優美簡鍊的文字，並試著翻譯初級英語讀物。一九三四年，她重新回到學校上學，她暗地裏閱讀蕭軍和蕭紅的作品，暗地裏閱讀能夠找到的中國書籍。她還把自己的愛和恨訴諸於文字，語文老師孫曉野將這些習作輯集成冊，取名《小姐

集》，交付益智書店。一九三六年她出版了這第一部作品，很遺憾，在以後的歲月裏，這部作品卻永遠地遺失了。

一九三六年，梅娘中學畢業，父親去世，他的生前好友張鴻鵠，時任哈爾濱電業局局長，他說服了孫家，送梅娘赴日留學。梅娘進入東京女子大學家政系學習，這一時期她開始閱讀郭沫若、列寧和馬克思的著作，進一步拓寬了視野。正當梅娘墜入書海，勤奮閱讀魯迅、朱光潛、鄒韜奮、蕭紅、蕭軍等人的作品時，蘆溝橋的炮聲使她坐不安席，彷徨無措。此時，梅娘認識了柳龍光，一個在日本內山書店打工，靠自己掙錢在早稻田大學攻讀經濟學的中國留學生，二人開始了為孫家所不容的自由戀愛。孫家斷絕了對梅娘的經濟援助，但這並沒有動搖梅娘追求愛情和自由的信念，她選擇隨著柳龍光流浪。「我們如饑似渴地尋覓著救國之路，究竟一個什麼樣的政權才能打敗侵略者？我們互相辯論，互相啟示，度過了無數個不眠之夜。」梅娘和柳龍光身邊，聚集了

梅娘

一批中日反戰作家。與此同時，梅娘筆下流淌出的文字，也浸透了身世之悲和家國之痛。「殘酷野蠻的戰爭，不僅禍害了我的故土，也無情地吞噬了日本善良的百姓」，「我的好朋友澄子，我善良的山口媽媽，包括那從遙遠的烽火後方運中國書來京都的日本經理，我確信，他們都不需要戰爭。我不知道戰爭怎麼才能結束，在異國的星空下，我的心困惑地戰慄著。」

　　由於家庭斷絕了她的經濟支援，因此梅娘被迫返回「滿洲國」。一九三八年，她在「滿洲國」日本人控制的《大同報》做校對，並主編一週一次的婦女版。同年，柳龍光追尋梅娘到了長春，梅娘拒絕了家庭給她安排的婚事，這對年輕人，不顧家庭的反對，開始了同居生活。他們的住所成了「滿洲國」首都年輕人的文藝沙龍，也成了著名的反抗作家凝聚的中心。在日本反戰學者小林秀雄、阿部知二、岸田國士的支持下，成立了《文叢》雜誌，梅娘也加入了這個組織，他們倡導用筆來描寫真實、暴露真實。遺憾的是，由於缺乏資金支持，他們自創的雜誌很快就停刊了。之前，《文叢》刊出了梅娘的第二部作品集《第二代》(1939)，這部當時受到高度讚揚的作品收錄了十一篇短篇小說，被認為是「滿洲國」文學界第一部提倡自由主義的作品。在《第二代》的前言中，「滿洲國」著名作家梁山丁作出了權威性的評價：「從《小姐集》到《第二代》，梅娘給了我們一個嶄新的前進的意識，《小姐集》描寫著小女兒的愛與憎，《第二代》則橫透著大眾的時代的氣息。」

　　一九三九年底，柳龍光受雇於華文《大阪每日》，他們移居到了日本。華文《大阪每日》給梅娘和柳龍光提供了更深入接觸日本社會

的機會，梅娘目睹了戰爭同樣給日本老百姓帶來的困苦。在這樣的背景下，梅娘寫了《蚌》、《魚》和《蟹》等小説。

「珍珠港事件」後，柳龍光夫婦回到了中國。柳龍光被聘請到北京，掌管原來由日本情報部門控制的雜誌社，他改組了原有的作家協會任幹事長。梅娘則受聘北平《婦女》雜誌任編輯和記者。當時梅娘只知道丈夫應日本友人龜谷利一的約請主持一份雜誌，卻不知道他還肩負著中共北平地下黨員的秘密使命。龜谷本想通過辦雜誌掃卻戰爭陰霾、化解中日仇恨，結果被扣上宣傳「大東亞共榮共存」不力的諸多罪名，遣送回國。梅娘始終認為把婦女的受壓制和男性中心社會的相糾葛，是整個社會問題的根源。她在給另一作家吳瑛的信中就説：「我想女人是這世界的救世主，只有女人能使這世界變成天堂……女人在這個社會中受到許多男人想不到的磨難和痛苦……」。這些話語，控訴了「滿洲國」男性中心社會的所謂「樂土」。

梅娘的小說

一九四三年柳龍光掌管的幾份雜誌賣得不錯，他倆繼續秘密參與中共地下黨的工作。他們共同參加了滿洲華北的文化聯絡活動，在北京相對自由的文學界中，梅娘積極介紹「滿洲國」的女性作家，如吳瑛、藍苓、朱媞等。梅娘的《蚌》、《魚》、《蟹》這三部小說，奠定了梅娘的成功。一九四三年，《魚》獲得第二屆「大東亞文學者大會賞」的「賞外佳作」獎。次年，《蟹》獲得第三屆「大東亞文學者大會」正賞。這三部小說都形象地描繪了年輕中國女性為壓迫作出的抗爭。殖民社會成為她們的恐懼，沒有安全感的壓抑背景，作為一個整體，《蚌》、《魚》、《蟹》描寫了日本佔領下男性中心社會中，中國女性抗爭不屈的真實。她公開批評殖民生活，而她對婦女問題的關注有效地掩蓋了統治者對她作品政治內涵的察覺。她沒有受到日本人的迫害，反而得到了日本文化人的高度評價。因為婦女問題，並不僅僅限於殖民地社會，當時共產黨領導下的延安，丁玲就寫下了《三八節有感》。

梅娘編輯《婦女》雜誌，寫了幾部小說，這一連串成就都在她二十五歲之前完成。不幸的是，這卻為她以後的三十年悲劇做了伏筆。一九四五年，梅娘一家回到了東北故鄉；一九四八年，移居上海又去了臺灣；一九四九年中共建國前夕，梅娘夫婦決定回大陸，參加建設滿目瘡痍的祖國，可嘆的是，柳龍光在歸途中，所乘的太平輪在舟山附近與另一船相撞沈沒。柳龍光死時年僅三十三歲。梅娘在失母喪父之後，迎來更慘痛的第三次打擊。梅娘懷著身孕忍著傷痛把他們的兩個女兒帶回了祖國。返回大陸後，梅娘曾當過兩年的中學語文教員。一九五一年，她被調到農業部宣傳司，是最早參與農業電影製片廠的。

　　二十世紀五〇年代，梅娘和大部分曾經生活在淪陷區的作家一樣，被定位為「漢奸文人」，他們經受了一九五二年的思想改造運動、一九五五年的肅清反革命運動，一九五七年則被劃為「右派」及間諜嫌疑。她一直被審查，挨批判、勞教、管制，劃入另冊，過著非人的日子。對於梅娘來說：那個時代是在監禁和強迫勞動中度過的。在漫長的艱苦生活中，梅娘的十三歲二女兒，因無人照料病死在救濟院。家中只剩正念中學的長女柳青帶著年幼的弟弟艱難度日。文革中，梅娘的兒子染上肝炎，治療不及，於一九七二年死去。從此，梅娘只剩下柳青一個親人。柳青被作家史鐵生視為「自己寫作的領路人」。在史鐵生看來，正是這位大女兒，讓「梅姨」（史鐵生這樣稱呼梅娘）有了決心活下去，並且「獨自歌唱」的理由。

梅娘（右）與女兒及外孫女

　　一九七八年平反後的梅娘，回到農業電影製片廠工作，相當長一段時間，出版社寄給「梅娘」的信，傳達室都稱「查無此人」，因為，整個單位沒人知

道「梅娘」就是孫嘉瑞，更沒人知道她是當年名震文壇的女作家。後來經過一些文學史研究學者的上下求索，終於在茫茫人海中，考古般地「發現」了尚在人世間的梅娘。於是這位曾經在中國現代文學史上佔有著重要的一席之地的女作家，終於重新浮出水面。

「現在的年輕人，還有多少能理解我們那一代人的處境呢？」梅娘說，「青空悠悠，時序娓娓，強力壓頂時我敢於按著良知行事，可以說已經煉就了泰山崩於前而不驚的坦蕩。我只執著於人類的共同願望，那就是理解、和諧、前進。」

一九七八年，隨著「文革」時代的結束，對淪陷區作家的重新評價，梅娘贏得了正面的關注。

梅娘的作品「是以熱情和哀憐的情緒作為文學的骨骼，多方面的捕捉人生的動靜」。因此她筆下的人物，既帶有一般女性作家對戰亂中的女性自身的關注，更顯示了梅娘自己對淪陷區生活，特別是婦女命運的獨異觀察和思考。例如《魚》中的女青年芬，就好像人生羅網中一條奄奄待斃的小魚。寄讀女子中學裡好像尼姑庵似的沈寂等等，她剛開始萌生一點憧憬和追求，便遭到封建家庭的軟禁，這使她枯澀的心更加乾枯。對她來說，人生是遍佈陷阱，由於涉世未深，她朦朧地愛上一個叫林省民的男人，卻不料他是個放蕩、暴虐的有婦之夫。她第二次又不顧一切地愛上了另一個有妻室的男人「琳」，對方卻怯懦地從她身邊走開了。父母對子女的專權、男人對女人的獨占、社會對婦女的輕蔑，這三條「線」交織編成一張死死地纏住女主人公的「魚網」。小說以一個暴風雨之夜，女主人公哀怨的內心獨白，把人物的心聲抒寫得跌宕起伏、淒切動人。女主人公終於發出決絕的抗

爭：「我，我看破了，網裡的魚只有自己找窟窿鑽出去，等著已經網上來的人再把它放在水裡，那是比夢還飄渺的事。幸而能鑽出去，管它是落在水裡，落在地上都好……」這種決絕的抗爭，來自對黑暗社會的絕望心情，也來自某種人生信念。

　　當時南北淪陷區最流行的女作家，首推張愛玲、蘇青和梅娘。她們的創作中有個共通之處，是強烈的女性意識，但由於自身修養和地域文化環境各方面的差異，又呈現出不同的特點。蘇青的作品基本上囿於一己的生活和經歷，即使「海派」的風情格調和佛洛依德精神分析法，也未能使其打破題材和視野的狹窄，以及寫真人真事和單純暴露的侷限（例如《結婚十年》、《續結婚十年》）。而張愛玲的故事總是與十里洋場和老舊殖民地都市的光怪陸離，融合在一起，在深層上受到西方現代主義思潮的浸染，也就能夠不動聲色地展示封建主義的血腥和慘無人道，具有理想幻滅的反浪漫主義傾向。張愛玲認定男女間的真情，出現在「我們的文明整個的毀掉了」的時候（《傾城之戀》）；而梅娘則把「合理的」未來世界，寄託將出世的孩子身上（《蚌》）。這充分顯示出兩者的差異。梅娘的作品與中國「五四」現實主義文學傳統的關係更為密切。她並不是以「奇」或「洋」制勝，而是注重人與人的現實社會關係，在奮力鞭撻假醜惡的時候，並沒有泯滅於對真善美理想的企盼。與此相一致，在寫作手法上，梅娘的小說側重心理分析、氣氛宣染以及環境烘托，並不過份追求情節的曲折、複雜，卻仍給人以故事感。這不能說是她的作品具有吸引力的原因之一。她的小說的另一個特點，是以散文的抒情筆致入小說，但又不失故事性，行文舒徐，文字清通，字裡行間顯露出女性纖細敏銳

的感受，即使是採用第一人稱的敘事視角，也在娓娓道來之中，給人以疏離杳渺的感覺。

　　陳放在〈一個女作家的一生〉文中曾說：「一九四二年，北平的馬德增書店和上海的宇宙風書店，聯合發起了『讀者喜愛的女作家調查』，調查結果，南方的張愛玲及北方的梅娘，是讀者最喜歡的兩位年輕的女作家。從此，文壇上出現了『南玲北梅』之說。」一般論及梅娘的文章，也都因襲此說，在《梅娘近作及書簡》書中的〈北梅說給南玲的話〉文中也有同樣的說法。若僅從兩位女作家的作品在南北淪陷區文學的影響而言，此說基本上沒有太離譜；但若說一九四二年評選「南玲北梅」，時間是不確的。因為張愛玲是一九四三年才開始發表小說，而梅娘在這之前雖已出版兩個單行本，但她的主要作品也要到一九四三年後才出版。學者張泉認為「抗戰時期北京的報紙我未及逐頁翻閱，無法斷言是否進行過『讀者喜愛

梅娘

的女作家調查』。當時的人或現在的人虛構出『南玲北梅』說的可能性，也是存在的。」

　　另外學者止庵指出梅娘在〈我與張愛玲〉文中說：「正是那年（案指一九四二年）的夏初，北京市有一個在中南海招待『名人』的賞花遊園會。有人說：張愛玲從上海來了。原本不打算遊園的我，興沖沖地趕了去，為的是一睹這位才女的風采。又是一次難以分說的遺憾：在眾多的仕女之間，千尋萬覓，找到了一位似乎是張的女士，那人穿著絳紅配有大綠雲頭的清式半長上衣，長髮垂肩，被男士們簇擁著，從太平花甜香的行列中走來，衣著色彩的眩目，襯得白花極其淡雅。因為在眾人的簇擁之中，我不願插足進去，因此未能搭話。」可以斷定的是，一九四二年張愛玲根本未到過北京，因此那位「似乎是張的女士」，並非張愛玲。非但如此，此後張愛玲也沒去過。只是張愛玲在兩到八歲家住天津時，其間「北京也去過」（《流言‧私語》），但與這裏所說顯然無關。在後人轉述此事的文章中，梅娘所說「似乎是張的女士」則有人徑直寫作「張愛玲」了。當年人物因回憶容或記錯，但後來的學者是應該明辨的。

現代文學史遺落的兩位女作家

之一：遺落的明珠──尋訪三○年代女詩人徐芳

早在二○○二年，因籌拍胡適紀錄片，而得知「徐芳」這個名字，但只知她是北大國文系畢業的高材生，是胡先生的愛徒，其餘則茫昧無稽。

二○○五年冬，在大量閱讀史料的過程中，胡適、吳宓的日記、顧頡剛的年譜、張中行的回憶錄、施蟄存的序跋，都提及徐芳這個女詩人，尤其是張中行還是徐芳的同班同學，兩人有過四年的同窗之誼。後來在北大史料的剪報中，尋覓到徐芳代表國文系進謁校長蔣夢麟，談改革系務之事；更有她進謁文學院長胡適，就胡適接替馬裕藻兼任國文系系主任，而提出改革建議的身影。在北大《歌謠周刊》復刊後，她以北大文科研究所助理的身份，更銜胡適之命，接下該刊長達一年有餘的主編工作。其間她在繁忙的編

曾
經
光
煌

徐芳

務工作外,還寫了四篇內容紮實、言之
有據的歌謠論文。

　　抗戰軍興,大批學者、文人輾轉
於重慶、昆明等大後方,徐芳也隻身來
到西南。施蟄存在昆明就見過她,當時
在場的還有吳宓、沈從文、李長之等
人,大家都異口同聲地叫著:「女詩人
徐芳」。然而到了四〇年代後,這個名
字,卻在大家的腦海中淡出了。不僅如
此,後來我們遍查文學史、新詩史都未
見其留下任何鴻爪,甚至後來連徐芳這
個人,也杳如黃鶴了。

徐芳(左三)與胡適(右二)

　　二〇〇六年一月間，因緣際會，見到已九五高齡的徐芳奶奶。時光雖在她的容顏寫下了風霜；卻也在她的腦海中頻添了心史。她面對我的探詢，開啟了記憶之鑰，這些記憶有著時代的印痕，往事歷歷，並不如煙！驚訝於，她的太多可念之人、可感之事、可憶之情，乃勸其重拾舊筆，為文學史再添斑斕的一章。

　　而在新作尚未寫就之前，整理舊作，就成為刻不容緩的事。三月間，在女兒的協助下，終於整理出《中國新詩史》及《徐芳詩文集》兩冊文稿。其中除少量的詩文，曾經發表過外，其餘均為未刊稿，當然包括《中國新詩史》。該論著為她在北大的畢業論文，是在胡適的指導下完成的，初稿目錄上還有胡適的朱筆批改。後來胡適曾將其交給趙景深，擬將出版。然因抗戰逃難，都唯恐不及，夫復何言付梓之事呢？於是，一本甚早完成的「新詩史」的著作，就此塵封了七十年！

　　在展讀她的詩文集時，我們看到她由初試啼聲的嫩筆，到風華正茂的健筆，再到國是蜩螗的另筆；我們看到她上承閨秀餘緒，繼染歌謠風韻，終至筆端時見憂患的風格與樣貌。而這些生命的陳跡，都化作文字的清婉與感喟。珠羅翠網，花雨繽紛。

　　在三〇年代，寥若晨星的女詩人之中；在林徽音、謝冰心以降，徐芳是顆被遺落的明珠。她的被遺落，在於世局的動盪和她「大隱於市」的個性。老人一生行事風格，追求安穩平淡，不喜張揚。在經多次的勸說，才願將其作品刊佈，但其本意也只想留作紀念，聊為備忘而已。

　　但做為新詩史料而言，這些或清麗婉約或暗含隱懷的珠璣之作，在三〇年代，是該佔有一席之地的。而以花樣年華的大四學生，膽敢

月旦她的師輩詩人，並能洞若觀火、一語中的地，道出詩人們的不足之處，則若非她本身也是創作能手，是不能、也不易深入堂奧並探驪得珠的。因此《中國新詩史》雖為其少作，但卻可見出她早慧的才華與高卓的悟力。在她通讀被評論者的詩作之後，她通過其詩境，返映到自己的詩心，再透過她如椽之筆，化為精闢的論述。她錦心繡口，假物喻象地寫下她的真知灼見，雖片羽吉光，卻饒富況味。七十年後的今天，我們讀之，還不能不佩服她的慧眼與膽識的。

　　一卷論文集，一卷詩文集外。還有兩個劇本，少量的詩作（如胡適在日記中，極為讚賞的〈車中〉一詩），尚未尋獲。部份的往來書信，尚未整理完成。那就有待來茲，再做補遺了。

　　「五四」的燈火雖已遠逝，但它造就了一批女作家、女詩人，她們以「才堪詠絮」的健筆，幻化出絢爛繽紛的虹彩。它成了愛好新文學，尤其是女性文學的讀者，所不能不看的一道絢麗的風景。而徐芳又宛如其中的一道光影，倏起倏消，如夢還真。

徐芳與先生徐培根將軍

（案：後來新詩〈車中〉，劇本《罪》、《委員夫人》均已尋獲，等待再版補入）。

之二：消逝的虹影——發現女作家王世瑛

「五四」反封建、反禮教，女子不再是「無才便是德」，受教育的機會大為提昇，因之「才女」跟著輩出，猶如潛沉已久的冰山，一時之間「浮出歷史的地表」。她們或出身於仕宦之家，或留學於異邦；她們上承古典閨秀，又別具西方新姿。她們經歷新舊交替的時代風雨，她們衝破了幾千年的沈悶死水，她們以其詠絮的健筆，幻化出絢爛繽紛的虹彩，形成新文學獨有而又讓人不可不看的一道風景。

這批所謂新文學的第一代女作家，後來為人所熟悉的有：陳衡哲、冰心、盧隱、林徽音、凌叔華、馮沅君、蘇雪林、石評梅、陸晶清等人。而她們很多都是從北京女子高等師範學校畢業的（它的前身為北京女子師範，一九一九年改為北京女子高等師範，一九二四年升格為北京女子師範大學。），因為當時它是唯一的一所國立女子高等學府，北京大學招收女生要晚到一九二〇年夏天。

在北京女高師作家群中，盧隱無疑地是享有盛名的。她的《海濱故人》是早期的成名作，也是新文學運動初期不可多得的中篇小說力作。這篇小說反映了幾位女大學生的思想感情與戀愛經歷，極為真實而細微。盧隱在求學期間，積極地參加了愛國運動，她與該校學生會主席王世瑛，文藝幹事陳定秀、程俊英結成了好友。這四位意氣風發的姑娘還以春秋戰國時的「四公子」自詡。而《海濱故人》就是以這四位女學生為原型的。

盧隱與程俊英（左）

海濱故人

其實這四人還多是能文之士，王世瑛就曾以本名及好友冰心為她取的筆名「一星」，發表諸多文章。據筆者蒐集到的有：發表於一九二一年六月十日的小說〈心境〉（《文學旬刊》第四期）、發表於同年七月十日的論文〈怎樣去創作〉（《小說月報》第十二卷七號）、發表於七月二十日的小說〈不全則無〉（《文學旬刊》第八期）、發表於八月十日的小說〈兩百元〉（《文學旬刊》第十期）、發表於八月三十日的小說〈出洋熱〉（《文學旬刊》第十二期）。另外還有發表於《晨報副刊》的長篇遊記〈旅行日記〉（從一九二二年七月七日——八月二十九日間，共連載三十二天），及發表於一九二二年十一月二十一日、十二月一日的赴日旅行而作的系列小詩〈東京行〉（《文學旬刊》第五十六、五十七期）。

與盧隱同為「文學研究會」成員的王世瑛，同樣要為「人生」而創作，但王世瑛更熱中於寫身邊的瑣事。她認為從「平常生活中取材」的作品，「才近

情近理，村嫗都懂，而又耐人尋味」。
因此她的小說已經擺脫古典小說注重故
事情節的窠臼，她直接逼視故事人物的
內心世界，沒有刻意編造的劇情，但確
有著真實細微的觀察。例如〈不全則
無〉是以兩個女孩子的論辯為事件，大
量的對話，呈現女主角在感情上，寧
「無」也不要「不全」，作者以淡墨淺
繪的筆法，卻刻畫出複雜的思維之網，
不能不佩服她筆力的遒勁。

　　而至於她高達五萬餘字的長篇遊
記——《旅行日記》，除了是極為優美
的遊記外，更是不可多得的研究二○年
代中日教育史的珍貴資料，它是王世瑛
花了兩個月實際訪問考察的心得報告。
據其夫婿張君勱言，「及畢業，遊於日
本，所作遊記，在北京晨報，一時傳
頌。」而當時王世瑛還只不過是個雙十
年華的師範畢業生，我們不能不訝然其
早慧的才華。

　　一九二五年，她和政治學家張君
勱結婚，惜乎！她從此「相夫教子」而
不再寫作。她贏得「賢妻良母」的美

王世瑛

晚年的張君勱

213

王世瑛與張君勱

王世瑛文集的書影

名，而文壇卻從此少了一位寫手。更可惜的是，她這些已發表的作品，也跟隨塵封八十餘年！人們早已遺忘了這位女作家，在文學史上見不到她的名字，更遑論有人會對其作品作研究，她成為現代文學裡一閃即逝的過客，在暮色蒼茫中，人們甚至還來不及看到她的身影。因此筆者從早已昏黃的報紙中，翻找出她的作品，編定這本《消逝的虹影——王世瑛文集》（2006年10月，秀威資訊出版），是有其特殊意義的。因為在當時「寥若晨星」的新文學女作家中，她是其中的「一星」，而且是閃亮的一星！只是人們忘卻她近乎一個世紀了！文集的首度出版，將讓這「消逝的虹影」，重回人們的記憶！讓早被遺忘的身影，再度「浮出歷史的地表」！！

真的「人言可畏」嗎？

——阮玲玉的真假遺書

一九三五年三月八日曾有「中國的嘉寶」的阮玲玉，服毒自殺了，這個事件，在當時引起極大的震憾。而阮玲玉留有兩封遺書，其一是〈告社會書〉，這麼說：「我現在一死，人們一定以為我是畏罪，其是（實）我何罪可畏？因為我對於張達民沒有一樣有對他不住的地方，別的姑且勿論，就拿我和他臨別脫離同居的時候，還每月給他一百元。這不是空口說的話，是有憑據和收條的。可是他恩將仇報，以寬（怨）報德，更加以外界不明，還以為我對他不住。唉，那有什麼法子想呢？想了又想，惟有以一死了之罷。唉，我一死何足惜，不過，還是怕人言可畏，人言可畏罷了。」這「人言可畏」，引發人們對當時不負責任的報紙的譴責。連當時處於沉疴的魯迅，都激於義憤，寫了〈論人言可畏〉一文，直指：「她的自殺，和新聞記者有關，也是真的。」一時之間，這些小報記者成為眾矢之的。

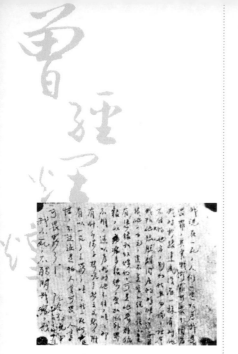

「人言可畏」的遺書

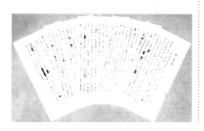

魯迅的「論人言可畏」

這兩份遺書發表於一九三五年四月一日聯華影業公司出版的《聯華畫報》上，長久以來被大家所引用及談論，但其實在二十幾天後的四月二十六日出版的《思明商學報》，卻登載了阮玲玉的另外兩封遺書。只是《思明商學報》是三〇年代出版的一張內部發行的機關小報，發行僅一千五百份，外面的讀者是看不到的，不僅當時的讀者看不到，就連以後研究電影史的學者也沒有人發覺，事實的真相就這樣塵封半個多世紀，直到一九九三年三月由暨南大學連文光教授編著的《中外電影史話》，才附有新發現的阮玲玉遺書，後來上海寫電影史料的老作家沈寂寫了〈真實遺書揭開阮玲玉死亡真相〉一文，也是根據這新發現的遺書。

真正的遺書這麼寫著：

其一：

達民：我已被你迫死的，哪個人肯相信呢？你不想想我和你分離後，每月又貼你一百

元嗎？你真無良心，現在我死了，你大概心滿意足啊！人們一定以為我畏罪，其實我何罪可畏，我不過很悔誤（悟）不應該做你們兩人的爭奪品，但是，太遲了！不必哭啊！我不會活了，也不用悔改，因為事情已經到了這種地步。

其二：

　　季珊：沒有你迷戀ＸＸ（案：指歌舞明星梁賽珍），沒有你那晚打我，今晚又打我，我大約不會這樣吧！

　　我死之後，將來一定會有人說你是玩弄女性的惡魔，更加要說我是沒有靈魂的女性，但，那時，我不在人世了，你自己去受吧！

　　過去的織雲（案：即張織雲，唐季珊玩弄過的女影星），今加的我，明日是誰，我想你自己知道了就是。

　　我死了，我並不敢恨你，希望你好好待媽媽和小囡囡，還有聯華欠我的人工二千零五十元，請作撫養她們的費用，還請你細心看顧她們，因為她們唯有你可以靠了！

　　沒有我，你可以做你喜歡的事了，我很快樂。

　　　　　　　　　　　　　　　　　　　　　　玲玉絕筆

　　當時《思明商學報》在發表這兩封遺書的同時，又刊登一篇〈真相大白唐季珊偽造遺書〉的文章，文中說：「阮玲玉自殺當晚，確寫遺書二封，是唐季珊指使梁賽珍的妹妹梁賽珊寫的，梁賽珊後為良心

所責，說出真情，並將原遺書交出。原遺書極短，文字不甚流暢，而且塗改多處。……」。

阮玲玉自殺後，唐季珊迫於社會壓力，乃指使梁賽珊代筆，偽造了遺書，除將死因歸於「人言可畏」外，還將矛頭改指向張達民，為自己脫罪。我們看經他修改後所公佈的聯華版遺書：

　　季珊：

　　　　我真做夢也想不到這樣快，就和你死別，但是不要悲哀，因為天下無不散的宴席，請代千萬節哀為要。我很對不住令你為我受罪。現在他雖這樣百般的誣害你我，但終有水落石出的一日，天網恢恢，疏而不漏，我看他又怎樣活著。鳥之將死，其鳴也悲，人之將死，其言也善，我死而有靈，將永永遠遠保護你的。我死之後，請代拿我之餘資，來養活我母親和囡囡，如果不夠的話，那就請你費力罷！而且刻刻提防，免她老人家步我後塵，那是我所至望你的。你如果真的愛我，那就請你千萬不要負我之所望才好。好了，有緣來生再會！另有公司欠我之人工，請向之收回，用來供養阿媽和囡囡，共二千零五十元，至要至要。另有一封信（註：指〈告社會書〉），如果外界知我自殺，即登報發表，如不知請即不宣為要。

　　　　　　　　　　阮玲玉絕筆（民國）廿四·三月七日午夜

就此遺書觀之，做偽的地方太為明顯了，上海茶商、花花公子唐季珊和從少女時代就霸占阮玲玉的張達民一樣，都是迫害她的元兇，唐季珊還曾在街上當眾打她，逼得她幾次自殺，而遺書中卻有「我對不起你」、「令你為我受罪」、「如果你真的愛我」，如此「深情款款」的字句，此時此地恐非阮玲玉說得出口，這也未免寫得太假了！加上阮玲玉文化程度不高，半日又忙於拍戲，甚少提筆寫作，但觀遺書，卻文思縝密，文辭修飾有加，這在一個在悲憤交迫的人，是無法從容地寫出如此通達流暢的文字。因此後來梁賽珍聲明，是她將「遺書」交給《聯華畫報》發表的。而梁賽珊也聲明，是她參考了唐季珊交給她的阮玲玉真正的遺書，按照唐季珊的意思起草了兩封假遺書，說出「人言可畏」等話語，以減輕唐季珊的責任。那潦草的字跡也是她模仿的，而這一點，當時張達民就曾指出，他曾對記者說：「遺書已見報載，唯詳細查其字跡，與阮之筆跡不對，但尚不能確

阮玲玉在「新女性」的劇照

定，……」云云。梁賽珊也說真的遺書她並沒有交還給唐季珊，而是交給了《思明商學報》的記者。

而近日阮玲玉所工作過的聯華影業公司的領導人－黎民偉的日記及文章發表了，更讓我們看清這事件的真相，也印證了阮玲玉對愛情的破滅。我們據這些文獻，重建她生命最後三天的歷史現場：

三月五日下午，阮玲玉女士到我們霞飛路分廠裡來請假，她主演的《國風》在昆山拍過一場外景，因為取景不甚滿意，導演羅明佑、朱石麟兩先生發出通告，定在八日上午出發蘇州去補戲，而阮女士因為她的訟事在進行之中，九日下午必須親自出庭，故來向我請假。我曾准了她的假，請她在十日（即星期日）的早晨，隨同工作人員乘八點鐘的特別快車趕到蘇州去。除了請假的事以外，我們並沒有談多少話，但是因為提到出庭的問題，阮女士曾對我說：「我有充分的証據，可以証明我無罪，不過報上登的太難聽了。」她又說：「還有馬路上賣報的小孩，嘴裡亂喊著看什麼什麼，更叫我聽了難堪。」……

三月七日的晚上，我在舍間設宴招待一位美籍技師和幾位香港來的同事，與宴者一共兩桌人。阮女士請假那天，我曾口頭邀請了她，那晚她到的特別早，誰也想不到這竟是她最後一次的宴會。筵席雖然十分簡單，賓主尚能盡歡，阮女士始終坐在席上，談笑風生。在席散之後，她臨別吻了我的內人和鏗（黎鏗，黎民偉四子，當年著名的童星）、錫兩兒，特

別是阿錫，她伏在小床上連吻
了兩次，出門之後，又回進房
來吻了一次。這在她平時也是
如此，那時我們以為是她太高
興了，誰也看不出半點異狀。
那知過了八個小時，竟得到她
服毒的噩耗。

阮玲玉

　而據說阮玲玉當晚離開黎宅之後，
又到揚子江飯站與唐季珊等人一起跳
舞。他們回到新閘路沁園村九號家裡
時，已是三月八日凌晨一點。他們是一
路爭吵著回到家的。到家時，阮玲玉吩
咐女傭給她準備一些點心，一邊上樓進
了臥室。她對唐季珊說：「很晚了，你
先睡，我記好零用賬就來睡。」誰也不
知道一個行將遠去的苦命女子心裡到底
想些什麼，但表面上她還是鎮定而從容
的。而後來當被發現時，現場有她吃剩
的點心和三個裝安眠藥的瓶子。
　黎民偉三月八日的日記這麼記載
著：「早六時忽接唐季珊來電話云：阮
染疾病，請即代覓醫生來卡爾登戲院旁

之鄒嶺文醫生家，偉即漱口，牙鹽盅蓋墜地粉碎，予心知不佳，即找陳繼堯醫生、陳達明醫生往救，無進步。聞她自宴罷歸家，曾請其母煲麵與她食，其時擅服安眠藥，並寫下遺書兩封，乃搖醒季珊，問他是否當她為妻，並叫唐給她最後一吻，唐始覺詫異，遂僱車送她往四川路福民醫院，惟該院夜深無醫生，（阮前曾服安眠藥亦送福民醫院救活，故此次其母亦命車送她到福民也），遂轉送鄒嶺文處救治，各醫見無進步，乃於午間送入中西醫院，至晚六時半與世長辭矣。……」。

阮玲玉的自殺，是起因於情愛的糾紛。阮玲玉，廣東人，父親早逝，家境清貧，靠母親為人幫傭過活。一九二五年初，母親為僱主辭退，生活陷於窘迫，這時張達民慨然予以資助，故阮玲玉乃以終身大事相許，不久兩人在北四川路鴻慶坊同居。後來阮玲玉發現張達民游手好閒、坐吃山空、嗜賭成癖，很快將其父的遺產，揮霍殆盡。屢屢勸之，但張達民卻依然故我。而此時阮玲玉因主演電影《掛名夫妻》名氣越來越大，張達民一次次地向阮玲玉伸手要錢，用於賭、玩女人，不給就跑到攝影棚去鬧。阮玲玉因張達民有恩於她，曾苦口婆心去勸張浪子回頭，但張達民並不為所動。這使阮玲玉陷入絕望的境地，她曾服毒自殺未遂。一九三二年因阮玲玉之薦，張達民到香港瑞安輪船公司工作，後因貪污公款被公司開除，後來還是因阮玲玉的關係，才在福建找到一個稅務所長的空缺。

而在上海的交際場中，性喜玩弄女明星的唐季珊早已對她垂涎已久，在唐季珊的甜言蜜語及銀彈攻勢下，一九三三年三月阮玲玉帶著母親何阿英及養女小玉，開始與唐季珊同居。四月九日張達民從福建到南京出差，經過上海，回到家裡發現人去樓空，方知「妻子」竟然

和唐季珊共築愛巢，怒不可遏，揚言要
對簿公堂。就阮玲玉、唐季珊方面而
言，以阮玲玉、張達民兩人從未舉行婚
禮，名份未正，自無法律責任可言；但
張達民以所愛被奪，心有不甘，因此委
請律師致函唐季珊，指其侵佔衣飾，竊
取財物。而唐季珊也反控張達民虛構事
實，妨害名譽。張達民一氣之下，再控
唐季珊與阮玲玉通姦，妨害家庭。雙方
告來告去，受傷最大的還是阮玲玉。各
報連篇累牘地報導阮玲玉和兩個男人的
風流韻事，繪聲繪影、誣衊、攻擊、謾
罵，接踵而至。就在此時由阮玲玉主演
的電影《新女性》，片中有無恥記者利
用輿論逼死女主角的情節，影片對黃色
小報記者的下流心態和以造謠為能事的
嘴臉，刻劃得入木三分，因而引起某些
記者的強烈不滿，於是乘機對阮玲玉落
井下石，刻毒諷罵。於是正如魯迅所
「……不過無拳無勇如阮玲玉，可就正
做了吃苦的材料，她被額外的畫上了一
臉花，沒法洗刷。」

阮玲玉

在阮玲玉短暫的二十五個歲月年華中，她主演了二十九部電影，其中《三個摩登女性》、《城市之夜》、《神女》、《新女性》等影片，被認為是中國早期電影的經典之作，她以樸實、細膩而傳神的表演，征服了無數觀眾的心靈，但在自身的感情上她卻無法征服自己。她曾痛心的感覺到：「張達民把我當作搖錢樹，唐季珊把我當作專利品，他們誰也不懂得什麼是愛情……」是的，從真正的遺書觀之，張達民的無理糾纏，唐季珊又把她玩弄於股掌之間，甚至還另結新歡梁賽珍，都是她「心中永遠的痛」。也因此在淚枯心碎之際，她不得不走入生命的絕境。至於所謂的「人言可畏」，那是唐季珊編出的脫罪之詞，並非阮玲玉自殺的主因。

阮玲玉

打從在大學時期就對現代文學產生興趣,當時是由於好奇、由於禁忌,在沒有師資、沒有資料的狀況下,單獨跌跌撞撞地摸索著,後來終於遇到幾位志同道合的朋友,資料愈收愈多,發現其中有許多前人未曾理清的人與事。在相互討論之餘,愈挖愈深,一直想理出一些頭緒,除了既有的文獻資料外,想蒐集更多的口述歷史、文物圖片等,於是有了拍攝紀錄片之行動。

在田野的調查與文獻的追索之中,試圖去逼近傳主的內心深處,是我這二、三十年來一直努力的目標。藉著傳主的作品、日記、書信、自述、回憶,甚至親友的旁述、學者的月旦等等,我走進了他們的時代氛圍,試圖得窺他們的身影,試圖去探看他們內心遭受壓抑的情節,還有那埋在心腑而難以言宣的話語。而這些他們不經意流露出來的片言隻語,也常常是解開某些疑團迷霧的鑰匙,也唯有抓住這種內心的矛盾,才能逼近他們的靈魂。

「貼近內心」加上「同情的了解」,或許是再現這些作家文人的不二法門。因為一個歷史人物,一旦進

入傳記的領域，他的「真實」永遠不會是絕對的。我們絕對無法重現「真實」，只能無限地走近。

　　逝者如斯，在歲月的淘洗中，一切都成過往，一切都已為陳跡。數風流人物，而今安在哉？然而在這悠悠的往事中，翻尋過往的恩怨情天，是充滿著無盡的誘惑的。尤其是他們都「曾經輝煌」過，是我們把他們遺忘了，久違了，往事並不如煙，讓我們把這些蒼老的往事，重回記憶！

寫於二○○八・一・十一

大選喧囂之夜

《曾經輝煌》圖片來源

中學西漸的第一人──被歷史遺忘的陳季同

陳季同
陳季同
陳季同
求是報
曾樸（筆名東亞病夫）對陳季同的讚佩　　　　　以上五張圖片出自李華川著《晚
清一個外交官的文化歷程》一書，
北京大學出版社。

為「盛名所累」的哲學博士──張競生

張競生
張競生與孫中山　　　　　　　　　　　　　　以上兩張圖片出自《張競生文集》
《性史》書影
《性史》
褚問鵑　　　　　　　　　　　　　　　　　　出自褚問鵑晚年的回憶錄
《花落春猶在》

被周作人逐出師門的沈啟无

周作人　　　　　　　　　　　　　　　　　　出自錢理群著《周作人傳》，
臺灣業強出版社

沈啟无　　　　　　　　　　　　　　　　　　出自黃開發編《近代散文抄》

俞平伯

五十年來千斛淚──顧頡剛的感情世界

真實與被扭曲的心靈——《顧頡剛日記》讀後

顧頡剛日記	臺灣聯經出版公司提供
顧頡剛日記	臺灣聯經出版公司提供
1925年的魯迅	出自《魯迅》，文物出版社
胡適	台北胡適紀念館提供

重審愛情的潘朵拉——凌叔華與林徽音的「奪寶記」

徐志摩	出自耿雲志編《胡適及其友人》
凌叔華	出自陳西瀅，凌叔華著
	《雙佳樓夢影》
陸小曼送給胡適的照片	出自耿雲志編《胡適及其友人》
陳西瀅與凌叔華	出自陳西瀅，凌叔華著
	《雙佳樓夢影》
1928年3月林徽音梁思成新婚時	台北天下文化公司提供
陸小曼	
陸小曼	

天高情已遠——袁昌英與徐志摩的一段情

袁昌英	
袁昌英與楊端六結婚照	
袁昌英夫婦及女兒楊靜遠	
袁昌英	
袁昌英	以上五張照片出自楊靜遠編選
	《飛回的孔雀——袁昌英》

作為詩人及出版家的邵洵美

邵洵美

邵洵美

邵洵美與盛佩玉

邵洵美與盛佩玉結婚之報導

《論語》封面

邵洵美的情人項美麗　　　　　　　　　　以上照片出自邵綃紅

　　　　　　　　　　　　　　　　　　　　《我的爸爸邵洵美》

洵美文存　　　　　　　　　　　　　　　　遼寧教育出版社

作為詩人與翻譯家的穆旦

穆旦

穆旦

穆旦的詩稿

穆旦、周與良結婚照

穆旦的譯著　　　　　　　　　　　　　　　以上五張照片出自陳伯良著

　　　　　　　　　　　　　　　　　　　　《穆旦傳》

欲待相忘怎忘得──田漢的錯綜情路

田漢

易漱瑜

第二位夫人黃大琳

第三位夫人林維中　　　　　　　　　　　　以上四張照片由學者張耀杰提供

安娥

安娥與史沫特萊

安娥　　　　　　　　　　　　　　　　　　以上三張照片出自《新文學史料》

與張愛玲齊名的四○年代女作家——梅娘

梅娘
梅娘
梅娘的小說
梅娘（右）與女兒及外孫女
梅娘   以上五張照片出自陳曉帆編
                                          《又見梅娘》

現代文學史遺落的兩位女作家——徐芳與王世瑛

徐芳
徐芳（左三）與胡適（右二）
徐芳與先生徐培根將軍   以上三張照片由徐芳女士提供
廬隱與程俊英（左）
海濱故人
王世瑛
晚年的張君勱
王世瑛與張君勱   以上三張照片由王世瑛的女兒
                                          張敦華女士提供

王世瑛文集的書影

真的「人言可畏」嗎？——阮玲玉的真假遺書

「人言可畏」的遺書
魯迅的「論人言可畏」
阮玲玉在「新女性」的劇照
阮玲玉

阮玲玉

阮玲玉

以上照片出自中國電影出版社
《阮玲玉》

謹向照片提供者及家屬、相關出版社，致上最深的謝意！

世紀映像叢書

世紀映像叢書

世紀映像叢書

世紀映像叢書

國家圖書館出版品預行編目

曾經輝煌——被遺忘的文人往事 / 蔡登山著. --
一版. -- 臺北市：秀威資訊科技, 2008.04
面；　公分. -- (史地傳記；PC0044)

ISBN　978-986-221-007-9(平裝)

1.作家　2.傳記　3.中國當代文學

782.248　　　　　　　　97006968

 史地傳記　PC0044

曾經輝煌——被遺忘的文人往事

作　　者 / 蔡登山
主　　編 / 蔡登山
發 行 人 / 宋政坤
執行編輯 / 賴敬暉
圖文排版 / 陳湘陵
封面設計 / 莊芯媚
數位轉譯 / 徐真玉、沈裕閔
圖書銷售 / 林怡君
法律顧問 / 毛國樑　律師
出版印製 / 秀威資訊科技股份有限公司
　　　　　台北市內湖區瑞光路583巷25號1樓
　　　　　電話：02-2657-9211　傳真：02-2657-9106
　　　　　E-mail：service@showwe.com.tw
經 銷 商 / 紅螞蟻圖書有限公司
　　　　　台北市內湖區舊宗路二段121巷28、32號4樓
　　　　　電話：02-2795-3656　傳真：02-2795-4100
　　　　　http://www.e-redant.com

2008 年 4 月　BOD 一版
定價：280 元

讀　者　回　函　卡

感謝您購買本書，為提升服務品質，煩請填寫以下問卷，收到您的寶貴意見後，我們會仔細收藏記錄並回贈紀念品，謝謝！

1.您購買的書名：＿＿＿＿＿＿＿＿＿＿＿＿＿＿＿＿＿

2.您從何得知本書的消息？

　　□網路書店　□部落格　□資料庫搜尋　□書訊　□電子報　□書店

　　□平面媒體　□ 朋友推薦　□網站推薦　□其他＿＿＿＿＿＿

3.您對本書的評價：(請填代號　1.非常滿意 2.滿意 3.尚可 4.再改進)

　　封面設計＿＿＿　版面編排＿＿＿　內容＿＿＿　文/譯筆＿＿＿　價格＿＿＿

4.讀完書後您覺得：

　　□很有收獲　□有收獲　□收獲不多　□沒收獲

5.您會推薦本書給朋友嗎？

　　□會　□不會，為什麼？＿＿＿＿＿＿＿＿＿＿＿＿＿＿＿＿＿

6.其他寶貴的意見：＿＿＿＿＿＿＿＿＿＿＿＿＿＿＿＿＿

＿＿＿＿＿＿＿＿＿＿＿＿＿＿＿＿＿＿＿＿＿＿＿＿＿

＿＿＿＿＿＿＿＿＿＿＿＿＿＿＿＿＿＿＿＿＿＿＿＿＿

＿＿＿＿＿＿＿＿＿＿＿＿＿＿＿＿＿＿＿＿＿＿＿＿＿

讀者基本資料

姓名：＿＿＿＿＿＿＿＿＿　年齡：＿＿＿＿　性別：□女 □男

聯絡電話：＿＿＿＿＿＿＿＿　E-mail：＿＿＿＿＿＿＿＿＿＿

地址：＿＿＿＿＿＿＿＿＿＿＿＿＿＿＿＿＿＿＿＿＿＿＿

學歷：□高中(含)以下　　□高中　　□專科學校　　□大學

　　　□研究所(含)以上 □其他＿＿＿＿＿＿＿＿

職業：□製造業 □金融業 □資訊業 □軍警 □傳播業 □自由業

　　　□服務業 □公務員 □教職　□學生 □其他＿＿＿＿＿

To：114

　台北市內湖區瑞光路 583 巷 25 號 1 樓

　秀威資訊科技股份有限公司　　　收

寄件人姓名：

寄件人地址：□□□

(請沿線對摺寄回,謝謝!)

秀威與 BOD

BOD（Books On Demand）是數位出版的大趨勢,秀威資訊率先運用 POD 數位印刷設備來生產書籍,並提供作者全程數位出版服務,致使書籍產銷零庫存,知識傳承不絕版,目前已開闢以下書系:

一、BOD　學術著作—專業論述的閱讀延伸
二、BOD　個人著作—分享生命的心路歷程
三、BOD　旅遊著作—個人深度旅遊文學創作
四、BOD　大陸學者—大陸專業學者學術出版
五、POD　獨家經銷—數位產製的代發行書籍

BOD 秀威網路書店：www.showwe.com.tw
政府出版品網路書店：www.govbooks.com.tw

　　永不絕版的故事・自己寫・永不休止的音符・自己唱